August Berz
Mit Gott durch das Leben

RICHARZ GESCHENKBIBLIOTHEK
Bücher in großer Schrift

Mit Gott durch das Leben

Gebetstexte und Meditationen
zur Fasten- und Osterzeit
März – Juni

Herausgegeben
von August Berz

Richarz Geschenkbibliothek
Verlag CW Niemeyer

Die Deutsche Bibliothek – CIP-Einheitsaufnahme

Mit Gott durch das Leben / hrsg. von August Berz. –
Hameln: Niemeyer.
(Richarz Geschenkbibliothek, Bücher in großer Schrift)
Gebetstexte und Meditationen zur Fasten- und Osterzeit. –1993
ISBN 3–87585–767–4

Lizenzausgabe mit freundlicher Genehmigung
der Benziger Verlag AG Zürich

Umschlaggestaltung : Christiane Rauert, München,
unter Verwendung eines Gemäldes von Paul Baum
Foto: Archiv für Kunst und Geschichte, Berlin
Gesamtherstellung: Ueberreuter Buchproduktion, Korneuburg
Printed in Austria
ISBN 3–87585–767–4

Inhalt

«Die Kraft vollendet sich in der Schwachheit»

Unsere Begrenztheiten (1.–10. März)

Der hohe Gott wohnt bei den Niedrigkeiten

Der hohe Gott ... gefällt sich darin, bei den Niedrigkeiten der Menschen zu wohnen. Nie vermag der Mensch zur Höhe Gottes hinaufzusteigen, aber er bringt es fertig, daß Gott in seine Niedrigkeit hinuntersteigt. Er bringt es fertig durch ein demütiges, zerknirschtes Herz. «In der Höhe und als Heiliger wohne ich, und bei denen, die ein zerschlagenes und demütiges Herz haben» (Jes 57,15). Es sind diejenigen, die von sich selber niedrig denken und ob ihrer Sünden zerknirscht sind. Ihnen verheißt Gott, er werde sie «beleben». Das Leben, das er denen schenkt, die nicht auf sich, sondern auf ihn vertrauen, ist Zuversicht und innere Freude. «Mein Geist frohlockt in Gott, meinem Retter», bekennt Maria, «denn er hat hingeschaut auf die Niedrigkeit seiner Magd» (Lk 1,47).

Herbert Haag

Meine Seele preist die Größe des Herrn, und mein Geist jubelt über Gott, meinen Retter.

Denn auf die Niedrigkeit seiner Magd hat er geschaut ...

Denn der Mächtige hat Großes an mir getan, und sein Name ist heilig.

Er erbarmt sich von Geschlecht zu Geschlecht über alle, die ihn fürchten.

Er vollbringt mit seinem Arm machtvolle Taten: Er zerstreut, die im Herzen voll Hochmut sind;
er stürzt die Mächtigen vom Thron und erhöht die Niedrigen . . .

Preislied Marias (Lk 1,46–52)

Gott hat das Schwache erwählt

Wir leben in einer hochgezüchteten Leistungsgesellschaft. Vielfach zählt nur, was der Mensch besitzt oder leistet oder selbst kann. Solches Denken und Lebensgefühl überträgt sich nur zu leicht auf das Glaubensleben. Wie mancher «fromme Christ» entmutigt sich, wenn er seine Armseligkeit und sein eigenes Unvermögen feststellt und es «zu nichts bringt».

Auch hier ist die Botschaft der Bibel sehr trostvoll. Menschliche Schwachheit und Gottes Kraft sind in der Erlösung unzertrennlich verschmolzen. Das ist Gnade. «Des Menschen Armut ist der Wohnort, das Gefäß der göttlichen Kraft» (F. X. Durrwell). Christus selbst «wurde in Schwachheit gekreuzigt, aber lebt nun durch Gottes Macht» (2 Kor 13,4). Wie ein Leitmotiv durchzieht dieser Gedanke die ganze Heilsgeschichte: Mose, der kleine David, Maria sind nur einige Beispiele. Darum werden auch im Neuen Testament gerade die Armen und Kleinen selig gepriesen. Sie erwarten ja die Rettung nicht von ihrem eigenen Besitz, sondern von Gott allein. Sie vertrauen nicht auf ihre irdischen Sicherheiten, sondern auf den Herrn.

Josef Heinzmann

Gott, du bist mein Gott,
dir will ich mich anvertrauen.
Du wirst mir beistehen,
du bist meine Zuflucht,
und ich werde nichts fürchten,
denn du bist nicht bloß bei mir,
sondern du bist in mir,
und ich bin in dir.

Franz von Sales

Meine Hände sind leer

Da kommt ein Mensch immer mehr zu der niederdrückenden Erkenntnis: Ich habe mein Leben vertan! Meine Hände sind leer! Ich habe nichts aufzuweisen! Und Gott sagt: «Vor mir sollst du nicht mit leeren Händen erscheinen.» Gibt es keine Möglichkeit mehr, Gottes Wort zu «besiegen»?

Der Zöllner betete: «Herr, sei mir Sünder gnädig.» Der Schächer am Kreuz bittet: «Herr, denk an mich, wenn du in dein Reich kommst.» Da er nichts mehr in seinen Händen aufzuweisen hat als die Schuld eines vertanen Lebens, bleibt ihm nur noch das Gebet: Gott, du allein! ... Sind solche Hände leer? Sind sie ungeeignet, angefüllt zu werden?

Die letzte Erkenntnis des Zöllners und des Schächers ist zugleich die reifste – auch der, der noch etwas mit seinen Händen zu bringen hat, kann keine reifere haben: Jetzt verdanke ich alles nur noch Ihm!

Johannes Bours

Herr, wenn ich auf Verdienste poche,
gibst du mir nach Verdienst.
Was ich erhalte, ist gering.

Wenn ich auf Leistung poche,
belohnst du mich nach Leistung.
Der Ertrag ist mager.

Wenn ich auf meine Werke poche,
belohnst du mich nach Werken.
Was ich erhalte, ist unzureichend.

Wenn ich auf gar nichts poche,
beschenkst du mich nach deiner Großmut.
Was ich erhalte, ist weit mehr,
als ich fassen kann.

Josephine Hirsch

Annahme der eigenen Dürftigkeit

Am Anfang und am Ende christlicher Lebensdeutung steht das Gebet: «Gott sei mir Sünder gnädig!» Dieses Sündenbewußtsein, dieses Confiteor, dieses An-die-Brust-Schlagen, dieses Von-ferne-Stehen, das alles nennen wir Demut, jene Demut, die nichts anderes als Wahrheit ist.

Und so steht am Anfang des Glaubens und der Rechtfertigung die Wahrheit eines verlorenen Sünders, der voll und ganz auf die Güte und Barmherzigkeit Gottes angewiesen ist...

Christentum beginnt immer wieder mit dem tapferen Ja zur eigenen Schwäche, zur eigenen Dürftigkeit und Fragwürdigkeit. Wir sollen leiden unter der eigenen Mittelmäßigkeit, sollen wissen um jene christlichste aller Erfahrungen:

Die Erfahrung des Nichts als Voraussetzung einer jeden möglichen Erlösung! Wir dürfen nicht leben wollen ohne die selige Anfechtung des täglichen Wollens und doch Nicht-genügen-Könnens! Dabei tröstet uns das Wissen, das freilich nur der Glaube schenkt: Der Herr ermöglicht immer auch, was er fordert, und er gibt dem «halben» Menschen die Hand, damit er den Sprung ins Ganze wage.

Josef Bommer

O höchster Herr, wir kommen zu Dir, nicht in Stolz auf unsere Schwäche, sondern mit einem demütigen und geringen Herzen, auf daß Du uns aufrichtest und emporhebst. Wir nahen uns Dir nicht als Heilige, sondern als Sünder, auf daß Du uns befreien mögest vom Übel und retten aus Ungewißheit und Gebrechlichkeit ... Wir kommen zu Dir als Geschöpfe, befleckt mit Unreinheit, auf daß Du unsere Missetaten wegwaschest und unsere Herzen erfüllen mögest mit einem Geist der Heiligkeit und Gerechtigkeit ... Leite uns auf Deinem gesegneten Pfad der Gerechtigkeit ... Beschütze uns, o Allbarmherziger, und gib, daß nichts uns von Dir zu trennen vermöge.

Rabindranath Tagore

Die himmlische Rechenkunst

Was dem Herzen sich verwehrte,
laß es schwinden unbewegt.
Allenthalben das Entbehrte
wird dir mystisch zugelegt.

Liebt doch Gott die leeren Hände,
und der Mangel wird Gewinn.
Immerdar enthüllt das Ende
sich als strahlender Beginn.

Jeder Schmerz entläßt dich reicher.
Preise die geweihte Not.
Und aus nie geleertem Speicher
nährt dich das geheime Brot.

Werner Bergengruen

Gib unser keinem, Gott, um was wir flehen, Verworrne, die getrübtes Licht beriet! Nein, einen jeden lasse nur geschehen, wie in der Schöpfung alles Ding geschieht, der Flug, der Fall, das Blühen und Verwehen, der Berge Glühn, das Wachsen im Granit, der Lachse Sprung, des Efeus Überstehen, des Mondes Spiegelung im blassen Teich. Nichts gib mir, Gott.

Nein, laß mich nur geschehen, dem Stein, dem Laube, den Gestirnen gleich, und gönne mir, mit ihnen einzugehen und mit den Kindern in das Himmelreich.

 Werner Bergengruen

Die Kraft der Geduld

Der weise Mensch besitzt nicht mehr an Erkenntnis, sondern ein Mehr des Geltenlassens: eine zärtliche Liebe zu dem, was umsonst getan wird, eine Zuneigung zum Verschwendeten. Mit einem leisen Lächeln betrachtet er, wie das Leben spielt und sich ergeht, wie es Umwege macht und verweilt, wie es sich am Blühen und Verschwenden freut, für das Überflüssige und scheinbar Törichte Raum hat, wie es in einem seltsamen Widerspruch zu dem steht, was Nützlichkeit und berechnete Ordnung heißt, und gerade darin sein Köstlichstes besteht. Ruhig und wissend wartet er ab ... Er erträgt das Unvollkommene, mäßigt sich vor dem Fehlerhaften, schont das Mißratene und umgibt es mit jener geheimnisvollen Sorge, die nicht nur Barmherzigkeit, sondern auch ein Gefühl verborgener Solidarität vor dem Schicksal ist. Der weise Mensch hütet eines der kostbarsten und kargsten Geheimnisse der Welt und wird selber von ihm behütet: Gottes Geduld mit der Schöpfung.

Ladislaus Boros

Wir rufen zu dir aus der Tiefe,
aus allem, was dunkel ist
in uns und um uns her.
Gott, höre auf uns ...

Gib uns Geduld mit unseren Mängeln
und Hoffnung, die allem gegenüber
standhält in dieser Welt.

Denn du hast deinen Sohn
herabsteigen lassen in all unsere Dunkelheit
und er ist ein Licht geworden für uns,
unsere Hoffnung für Zeit und Ewigkeit.

F. Cromphout

Unsere Armseligkeit Gott anheimstellen

Ich glaube, daß Gott aus allem, auch aus dem Bösesten, Gutes entstehen lassen kann und will. Dafür braucht er Menschen, die sich alle Dinge zum Besten dienen lassen.

Ich glaube, daß Gott uns in jeder Notlage soviel Widerstandskraft geben will, wie wir brauchen. Aber er gibt sie nicht im voraus, damit wir uns nicht auf uns selbst, sondern allein auf ihn verlassen. In solchem Glauben müßte alle Angst vor der Zukunft überwunden sein.

Ich glaube, daß auch unsere Fehler und Irrtümer nicht vergeblich sind, und daß es Gott nicht schwerer ist, mit ihnen fertig zu werden, als mit unseren vermeintlichen Guttaten.

Ich glaube, daß Gott kein zeitloses Faktum ist, sondern daß er auf aufrichtige Gebete und verantwortliche Taten wartet und antwortet.

Dietrich Bonhoeffer

Wie immer es sein wird
  HERR
ein Weg wird sich öffnen
irgend ein Weg
denn DU bist der WEG
und führst mich
  aus Dunkel und Zweifel ins Licht der Wahrheit
denn DU bist LICHT und WAHRHEIT
und führst mich
  aus Leid und Bedrängnis zur Freude
denn DU bist die FREUDE
und führst mich
  aus Schlaf und Erstarrung zum Leben
denn DU bist das LEBEN
und führst mich
  aus Entbehrung und Leere zur Liebesfülle
denn DU bist die LIEBE

Bruno Stephan Scherer

Nicht wir schaffen es

Die Menschen aus Israel, die in Verbannung leben, werden nicht aufgefordert, noch mehr zu tun, ihre Kräfte nochmals zu sammeln, sondern ihnen wird die Verheißung gegeben: «Seht, hier ist euer Gott; er selbst wird kommen und euch erretten» (Jes 34,4).

Diese Verheißung gilt auch uns. Sie gilt uns jetzt, hier in diesem Leben, in dem wir immer noch Leid, Not, Unfrieden erfahren. Und diese Verheißung fordert uns nicht einfach auf, nochmals die Kräfte anzustrengen, uns noch mehr einzusetzen, es geschickter zu probieren mit dem Zusammenleben, mit dem Frieden, mit dem geglückten Leben. Diese Verheißung sagt uns vielmehr, daß nicht wir es sind, die das schaffen, sondern Gott der Herr wird das Geschick wenden, das Heil bringen. So dürfen wir hier in der Erfahrung all unserer Grenzen, unserer Schwierigkeiten, Hoffnung haben, dürfen unsere Hoffnung auf den Herrn setzen.

Philipp Schäfer

Herr,
Du kennst unsere Schwäche.
Du weißt, wie leicht wir den Mut verlieren.
Du weißt, wie ängstlich wir unsere Schritte setzen.

Aber du hast uns gerufen.
Darauf verlassen wir uns.
Wirke in uns, wenn es dein Wille ist.
Brauche uns und mache uns brauchbar.

Wir wissen nicht, ob etwas herauskommt
bei allem, was wir in deinem Namen tun.
Aber das Werkzeug braucht sich nicht zu
ängstigen
um den Sinn des Werks.
Wir sind dein Werkzeug.
Du hast uns in die Hand genommen.
Brauche uns.

Jörg Zink

Nichts braucht unterschlagen zu werden

Der Glaubende braucht nichts Menschliches zu unterschlagen. Er nimmt auch Endlichkeit und Schuld, Scheitern und Tod ganz ernst. Er trennt sich nicht verächtlich vom kleinen Glück des Lebens und von den alltäglichen Dingen ...

Gleichwohl mauert er sich nicht in den Gegebenheiten unseres Daseins ein, sondern bezieht alles über sich selbst hinaus, indem er es in Gott als dem einzigen Herrn seines Lebens gründet. Er ist überzeugt, daß Schweiß und Mühe des Menschen, auch wenn er scheitern sollte, nicht einfach umsonst sind. Darum gibt es inmitten von Enttäuschung und Schmerz immer noch ein Quentchen Humor und Freude. Es ist die Freiheit dessen, der die Welt liebt, aber in ihr nicht das Letzte erblickt.

Nichts am Menschen braucht verkürzt zu werden. Alle wirklichen Spannungen bleiben bestehen. Gott ist groß genug, um das unendliche offene Wesen des Menschen in seine viel größere Unendlichkeit zu bergen.

Karl Lehmann

Herr, ich möchte ganz offen sein für dich:
offen für dein Licht,
damit ich dich klarer erkenne;
offen für deine Liebe,
damit ich besser lieben lerne;
offen für deine Freude,
damit alle Schatten der Traurigkeit schwinden;
offen für deine Anregungen,
damit mein Handeln großherziger werde ...
Öffne mich,
damit ich mit dir offen sei für die Welt,
die du liebst.

 Jean Galot

Krisen als Chancen

Das wahrhaft gelebte menschliche Dasein gliedert sich nach existentiellen Ebenen und nach Wagnissen, die vor jeder Ebene liegen. Augustinus wurde zum Beispiel durch den Tod eines jungen Freundes zum entscheidenden Sprung seines Lebens gezwungen ... Oft ist es eine Krankheit oder der Zusammenbruch eines Lebenswerkes oder auch der Weggang eines geliebten Menschen, die uns den entscheidenden Anstoß zum „Sprung ins Dunkle“ geben. Wenn ein Schmerz, eine Erschütterung, ein Lied uns dazu zwingen, auf eine höhere Ebene der Existenz zu gelangen, dann müssen wir von ihnen sagen, daß sie im Dienst des Lebens standen.

Das kann auch irgendwie von der Sünde gelten. Angesichts der Sünder, die zu Heiligen geworden sind, angesichts eines Augustinus oder einer Magdalena oder einer Lidwina zögern wir keinen Augenblick, zu sagen: «Felix culpa», glückbringende Sünde. Nicht weil die Sünde an sich keine Sünde mehr wäre, sondern weil dieser Mensch es verstand, sie gleichsam als Sprungbrett zu benützen, um den Sprung in Gott hinein zu wagen.

Ladislaus Boros

DU bist stärker, HERR
   als Wind
   und Gegenwind ...

DU bist stärker, HERR
   als Fels und Stein
   und Wurzelkraft

DU bist stärker
   als jede Geistesmacht
   und Waffengewalt auf Erden
stärker als das Böse
   und die Tragik im Leben

Dein Erbarmen
   Deine Vatergüte
   Deine Mutterliebe
ist stärker
stärker als unsere Schuld
stärker als unser Gewissen
stärker als unsere Angst

Bruno Stephan Scherer

«Laß dich vom Bösen nicht besiegen!»

In Anfechtung und Schuld (11.–20. März)

Der Kampf zweier Menschen in uns

Der Christ ist kein einfaches Wesen, sondern, fast möchte man sagen: ein Kampf. Er ist ein Schlachtfeld und darauf zwei, die im Kampfe liegen: der alte Mensch, der in seinem empörerischen Selbst wurzelt, und der neue, der aus Christus gebildet ist . . .

Das ganze christliche Dasein ist der Kampf dieser beiden «Menschen» in uns. Der Christ ist kein Naturwesen, sondern ein Geheimnis, ein Entwurf von Kommendem. An das, was wir eigentlich sind, müssen wir glauben, trotz aller Widerstände aus dem, was wir sichtbar sind. Im «Trotzdem» gegen das, was wir an uns erfahren, glauben wir, daß wir wiedergeboren sind, Christus in uns tragen, und damit eine werdende Herrlichkeit, die einst offenbar werden soll, wie der Römerbrief im achten Kapitel sagt.

Romano Guardini

Vater,
wir wissen, daß wir gefangen sind,
gebunden wie mit Ketten.
Wir möchten glauben
und leben doch, als glaubten wir nicht.
Wir möchten lieben
und leben doch fast nur für uns selbst.
Wir möchten der Wahrheit dienen
und beugen uns tausendmal der Lüge.

Wir möchten dir dienen
und glauben dir noch nicht,
daß du wirklich der Herr bist.

Vater, mach uns frei.
Befreie uns von jener dunklen Macht,
die wir den Teufel nennen, den Versucher, den Satan.
Befreie uns vor allem von uns selbst.
Du kannst es.
Wir wissen, daß du es kannst
und daß du es tun wirst ...

Jörg Zink

Die Ursünde

Uns wird zur Versuchung Alkohol und Zigarette, die gepflegte junge Frau des Nachbarn und der vitale, charmante Mann von der letzten Party, die Möglichkeit, mehr zu verdienen und noch besser zu leben auf Kosten des Mitmenschen, das warme Bett am Morgen und das pikante Fernsehprogramm am Abend, das aufreizende Gebaren des Chefs und die penetrante Faulheit des Angestellten, ach und tausend andere Alltäglichkeiten und Albernheiten!

Lassen sich nicht alle diese kleineren und größeren Versuchungen meines Lebens auf einige wenige elementare Anfechtungen zurückführen? Ja, geht es nicht auch in meinem Leben um die eine, fundamentale Frage nach dem Glaubensgehorsam, nach einer auf den Glauben gestellten Existenz? Und ist nicht das auch für mich die Ursünde, die Urversuchung: Ungehorsam zu sein? Es auf eigene Rechnung zu versuchen? Meine Sache und mein Leben allein in die Hand zu nehmen? Das aber ist Satansherrschaft im Leben des einzelnen und in der Welt als Ganzer! – Mich dem Willen und Worte Gottes zu beugen, ihn anzuerkennen in und über meinem Dasein: darauf und nur darauf kommt es an! «Den Herrn, deinen Gott sollst du anbeten und ihm allein dienen» (Dtn 6,13).

Josef Bommer

Wir bitten in Demut: führe uns nicht in Versuchung; schütze uns vor den Wünschen, die unsere Seele vergiften, laß uns in der bittersten Not auf keine Hilfe hoffen als auf die deine!

Verlösche den Glanz, das Blendwerk der Gedanken! Zerbrich das Saitenspiel der Betörung in unserer Hand! Es ist ein Weg, wo wir keinen sehen; der Herr selbst ist der Weg; hilf uns, daß wir ihn nicht verlassen. Gehe diesen Weg mit uns!

Denn der Versucher ist tausendmal stärker als wir; aber dein Sohn hat ihn besiegt, und nur über die Demut, die er war, wird der Versucher keine Macht erlangen.

Reinhold Schneider

Stets ist ein Neubeginn möglich

Gottes Milde und Treue stehen über jeglichem Verhängnis und jeglicher Schuld. Alles in unserem Leben kann einen neuen Sinn, eine neue Bedeutung erhalten, kann zu einer weiteren Stufe der Annäherung zu Gott werden. Von Christus, jenem Menschen, der die Milde und die Barmherzigkeit zum Grundgesetz einer neuen Schöpfung machte, ging die endgültige Verheißung aus: «Ich habe dir eine offene Tür gegeben, die niemand mehr schließen kann» (Offb 3,8). Dieser Satz ist der Inbegriff christlicher Gelassenheit: Gott hat uns – in Christus – einen neuen Anfang geschenkt. In allen Situationen unseres Lebens haben wir noch eine Möglichkeit des Neubeginns. Für Gott sind wir nie endgültig verloren.

Ladislaus Boros

Reiche mir deine Rechte, Herr, daß ich nicht falle.

Hilf mir, was ich in Deinem Namen begonnen habe, treu vollenden.

Laß dich vom Bösen in mir nicht hindern, und in allem obsiege deine Barmherzigkeit.

Gertrud von Helfta

Die Nacht wird licht

Das Leben Gottes keimt ebenso an den dunklen Stellen wie in den großherzigsten Bestrebungen des Menschen. Selbst wenn Christus Jesus sich zurückhält: Er ist bei dir. Halte dich in allem in seiner Gegenwart. Das ist das Wesentlichste. Aus dieser Quelle schöpfst du das unersetzliche Vertrauen in Gott. Er ist so stark, daß die verheerendsten Rückschläge und sogar noch die unerträglichsten Lebenssituationen dich voranbringen können. Gott schenkt die Kraft, den schlimmsten Qualen zu widerstehen. Baue auch mit deinen Anfechtungen ...

Der Geist des Auferstandenen erreicht dich auch noch in den Abgründen deines Menschseins. Er zerreißt deine Nacht. Mitten aus deiner Dunkelheit erhebt sich das Staunen einer Liebe. Sein Gesang erklingt in dir: «Finsternis ist nicht finster vor dir, die Nacht ist licht wie der Tag» (Ps 139,12).

Frère Roger, Taizé

Ich weiß,
unter diesem gleitenden Boden ist der Fels.
Du bist mein Fels.
Laß mich auf dich bauen,
gib mir Grund zum Leben,
gib mir Land zum Bleiben.
Heb mein Ufer empor aus dem gierigen Strom
wie am Tag der Schöpfung.
Laß mein Leben blühen im Wehen deines Geistes,
ganz und gar ihm anvertraut.

Verfasser unbekannt

Trotzdem – ich liebe dich

Es gibt schwere Stunden, in denen die Versuchung zum Bösen uns so unwiderstehlich fest am ganzen Leibe packt, daß man nur noch gewohnheitsmäßig, mit den Lippenspitzen, und fast ohne daran zu glauben, sagen kann: Und trotzdem lieb' ich Dich, mein Gott, aber hab' doch Erbarmen mit mir! –

Es gibt Abende, da kniet man, ohne beten zu können, zuhinterst in einem Kirchlein oder sitzt draußen unter den Sternen, um bei der eigenen Erbärmlichkeit doch etwas Großes über sich zu spüren; und man bringt nichts anderes hervor als immer wieder diesen Seufzer: Mein Gott, ich liebe Dich trotzdem.

Guy de Larigaudie

Sprich zu uns, Herr,
ein Wort des Heiles nahe bei uns.
Leg deine Hand auf uns,
wenn wir in Verwirrung sind.
Und wenn wir niedergedrückt sind,
richte uns wieder auf . . .

Gott, du siehst,
wie wir erschöpft darniederliegen,
wie träge wir sind, um das Gute zu tun.

Richte uns auf
und wecke in uns die Kraft,
deinen Weg zu gehen.
Gib, daß wir einander ermutigen und stützen,
lebendiger Gott.

F. Cromphout

Gott bleibt in der Nähe

Der Mensch soll sich in keiner Weise als fern von Gott ansehen, weder wegen einer Schuld noch wegen einer Schwäche noch wegen irgend etwas sonst. Und sollten deine große Sünden dich auch so weit abgetrieben haben, daß du dich nicht als Gott nahe anzusehen vermöchtest, so sollst du noch Gott als dir nahe annehmen. Denn es ist vom Übel, wenn der Mensch einen Abstand setzt zwischen sich und Gott.

Ob der Mensch sich in der Nähe oder in der Ferne Gottes ergehe: Gott geht nimmer in der Ferne, er bleibt beständig in der Nähe; und kann er nicht drinnen bleiben, so entfernt er sich doch nicht weiter als bis vor die Tür.

Meister Eckhart

Gott
Vor Dir
  und vor den Menschen
bekenne ich
  meine Fehler
  meinen Anteil an Schuld
  mein ganz persönliches Versagen
Laß mich wahr sein
  ehrlich vor mir selbst
Laß mich meinen Schatten
  erkennen und annehmen
  Laß mich durch diesen Tod hindurch
  das Leben finden

Anton Rotzetter

Sünde ist Verweigerung der Liebe

Das letzte Verständnis der Sünde ist erst gewonnen, wenn sie als Verweigerung der Liebe begriffen wird ...

«Das Sein ist Liebe, das heißt, es ist nur in dem Maße, als es liebt» (G. Madinier). Dieses Grundgesetz unserer Existenz ist aber durch die Sünde, durch jede Sünde in Frage gestellt, da in ihr der Mensch sich egoistisch auf sich selbst bezieht.

Das ist auch die eigentliche und letzte Aussage der Heiligen Schrift über die Sünde. Denn wenn im Gebot der Liebe (zum Nächsten und zu Gott im Nächsten) alles zusammengefaßt ist, und wenn an diesem Gebot «Gesetz und Propheten» hängen, dann gilt auch umgekehrt, daß jede Sünde letztlich gegen dieses Gebot der Liebe gerichtet ist.

Heinrich Bacht

Barmherziger Gott, vergib mir alles, was ich an dir und an den Menschen gesündigt habe. Ich traue deiner Gnade und gebe mein Leben ganz in deine Hand. Mach du mit mir, wie es dir gefällt und wie es gut für mich ist. Ob ich lebe oder sterbe, ich bin bei dir, und du bist bei mir, mein Gott.

Herr, ich warte auf dein Heil und auf dein Reich.

Dietrich Bonhoeffer

Gottes Lebensstrom

Man kann diesen ewigen Quellbrunn göttlicher Güte zwar verschütten ... Aber Gottes Lebenskraft, die Kraft seiner Liebe versickert nicht unter all dem Schutt und Geröll – wie wir für diesmal unsere Sünden nennen wollen. Zur Lebenskraft der Liebe Gottes gehört vielmehr der heilige Zorn, mit dem die ewige Quelle mächtig hindurchbricht und die maßlosen Mengen von Schutt und Geröll erfaßt und mit sich reißt. Das und nichts anderes ist der göttliche Zorn: ein mächtiger Strom, der alles erfaßt und mit sich reißt, was die ewige Lebensquelle, was die Quelle ewigen Lebens behindert. Da ist keine Sünde und keine Schuld, die dieser Strom nicht erfaßt und mit sich fortreißt, bis er sie im unendlichen Meer der göttlichen Liebe versenkt ...

Unergründliches Meer – unerschöpfliche Quelle! Dir will ich meine Lieder singen.

Eberhard Jüngel

Dank dir, Jesus Christus ...

Dank dir bin ich der Zukunft sicher, habe ich keine Angst vor meinem Elend, meinem Ungenügen ...

Dank dir habe ich weder Angst vor meiner Schwäche noch vor meiner Müdigkeit, weder vor dem Leben noch vor dem Tod, weder vor den Menschen noch vor Gott ...

Dank dir kann ich lieben und annehmen, geliebt zu werden.

Prosper Monnier

Nicht Schein, sondern Sein

Josef lehrt uns, daß die einzige Größe darin besteht, Gott und dem Nächsten zu dienen; daß die einzige Fruchtbarkeit in einem Leben liegt, das es nicht auf äußeren Glanz und auffallende Taten abgesehen hat, sondern auf gewissenhafte, liebende Erfüllung selbst der unansehnlichsten Pflichten.

Er sagt uns, daß es einzig darauf ankommt, Gott zu gefallen, seinen Weisungen stets zu folgen und ihm so gut wie nur möglich zu dienen.

Josef steht vor uns als der getreue Knecht, der sich selbst vergißt, nur nach dem Ruhm seines Meisters trachtet und sein ganzes Leben darauf einstellt ...

Josef lehrt uns, daß es letztlich nicht auf den Schein, sondern auf das Sein ankommt; daß es nicht darum geht, mit einem Titel zu prunken, sondern zu dienen und die Tage seines Daseins damit zu verbringen, daß man den Willen Gottes ausführt und die Ehre Gottes sucht.

Michel Gasnier

Josef, vereint mit Maria,
mit Maria, die dem Vater zu eigen,
Oh, erbitt auch uns:

Daß Gott, dessen Werke wir weder wissen noch ahnen,
in uns seine Rechte erhalte.

Daß seine göttliche Glut nicht gedämpft werde
durch unsere schwelende Fackel.

Daß sein Wort nicht versinke
im Gelärm unserer sinnlosen Schwätzereien.

Daß aufhöre der irdischgesinnte Mensch.

Daß komme sein Reich und geschehe sein ewiger Wille.

Daß wir wiederum finden den Weg
zu den wirklichen Freuden . . .

Paul Claudel

Ein «Hundeleben»

Rom, um Ostern 1917.
Nach vierzehn Tagen Arbeit an der Inszenierung der «Parade», wo wir keine Zeit fanden, etwas zu sehen, gehen Picasso und ich spazieren.

Picasso: «Laß uns diese Kirche besuchen.» (Die Kirche ist voll von Gläubigen, Lichtern, Musik und Gebet, Besuch unmöglich.)

Ich: «Gehen wir in eine andere.» (Dasselbe Schauspiel. Langes schweigendes Nebeneinanderhergehen.)

Picasso: «Wir leben wie die Hunde . . .»

Jean Cocteau

Herr, laß mich einsehen, daß das Leben ohne Dich ein «Hundeleben» ist.

Bestreue mir alle Wege, die von Dir wegführen, mit Scherben, damit ich, wenn auch blutenden Fußes, immer wieder zu Dir zurückfinde.

Laß mich an allem enttäuscht werden, worin Du nicht bist.

Laß mein Herz, das auf Dich hin geschaffen ist, letztlich nur in Dir zur Ruhe kommen.

August Berz

«Wendet euch zu mir und laßt euch retten!»

Umkehr (21.–31. März)

Umkehr als Schicksalsfrage

Der Verlust der Bindung zum Göttlichen führt zu endlosen Enttäuschungen, zum Bewußtsein der Verlassenheit und Glücklosigkeit, so daß immer mehr Menschen den Arzt aufsuchen als Heilbringer, der so dem Glaubenslosen zum Priester wird. Dieser kann aber solchen Erwartungen nur entsprechen, wenn er selbst eine Hinwendung zum Göttlichen vollzogen hat.

Die Schicksalsfrage unseres Zeitalters ist im Grunde die Frage nach der Rückkehr.

Karl Jaspers

Herr Jesus Christus, Du bist der Weg, die Wahrheit und das Leben. Du bist der Anfang der neuen Schöpfung.

Gib mir den Mut, es mit diesem Anfang zu wagen, und nicht nur im flüchtigen Gefühl, sondern in dem Ernst, der weiß, daß es um das ewige Schicksal geht. Laß mich erkennen, worin die Umkehr besteht, und sie in der Wirklichkeit meines täglichen Lebens vollziehen. Und wenn ich erfahre, wie verstrickt im Alten ich bin, gib mir die Treue, die ausharrt, und die Zuversicht, die immer wieder beginnt, so oft auch alles zu versagen scheint. Amen.

 Romano Guardini

Stille und Schweigen

Der Mensch bedarf der Stille, um Beziehung zum Gültigen zu gewinnen. Nimmt er die Stille in sich hinein, so wird der Raum bereitet, in dem das Gültige Macht bekommt; in dem sich das Wesentliche des Lebens vollzieht. Da weilt der Mensch bei den Geheimnissen, von denen sein Inneres lebt. All das geschieht im Schweigen. Das Schweigen ist die Voraussetzung für das Wahrnehmen der Tiefenwirklichkeit... Nur wer schweigen kann, findet zu Gott. Nur er hört wahrhaft auf Gottes Wort und achtet auf den leisen Zug seiner Gnade; nur er vermag sein Inneres in Ruhe Gott zu öffnen und wird wach für Erfahrungen mit ihm. Schweigen ist der Raum, in dem Gott gegenwärtig werden kann, sich mitteilt und den Menschen verwandelt.

Klemens Tilmann

Du
Tiefe und Abgrund
Ich wende meine Augen nach innen
  um Dich zu suchen in mir
Ich lausche in mich hinein
  um Deine Stimme zu hören in mir
Ich sammle mich um meine Mitte
  um dich anzubeten in mir

Du
Tiefe und Abgrund
in mir

Anton Rotzetter

Halte inne!

In Zeitnot geraten wie in ein Netz ist der Mensch, atemlos hetzt er durch sein Leben und wischt sich den Schweiß. Ein Fluch des Jahrhunderts ist diese Eile. Es wird ganz eilig gezecht und ganz eilig geliebt, ganz tief sinkt die Seele dabei – man martert ganz eilig, vernichtet ganz eilig, ganz eilig sind später Reue und Buße vorbei ...

Auf halbem Weg wenigstens bleib stehen, dem richtenden Himmel vertraue dich an, denke nach, besinne dich – wenn nicht über Gott – so doch wenigstens ganz einfach über dich selbst. Halt ein, bleib doch stehen – du hast Gott vergessen und schreitest ja über dich selbst hinweg ...! O Mensch, dein Name ist geheiligt, betend richte die Augen empor, und mitten im Zerfall, in Entartung und Schande halte inne – halt – bleib doch stehen!

 Jewgéni Jewtuschenko

Schweigen möchte ich, Herr,
und auf dich warten.

Schweigen möchte ich,
damit ich verstehe,
was in deiner Welt geschieht.

Schweigen möchte ich,
damit ich den Dingen nahe bin,
allen deinen Geschöpfen,
und ihre Stimme höre.

Ich möchte schweigen,
damit ich unter den vielen Stimmen,
die deine erkenne.

Ich möchte schweigen,
und darüber staunen,
daß du für mich ein Wort hast.

Jörg Zink

«Ändert euren Sinn!»

Gott bereitet zwar den Menschen das Heil, aber die Menschen müssen es auch annehmen. Jesus nennt ein Doppeltes, das das Menschenherz zu erbringen hat: «Ändert euren Sinn und glaubet an die Heilsbotschaft» (Mk 1,15) ... Die Menschen sollen nicht mehr ihre eigenen Gedanken denken, sondern Gottes Gedanken. Und der Heilsbotschaft glauben: Sie sollen ihr Herz öffnen dem Wort und dem Willen Gottes, seiner Gnade und seinem Heil.

Damit ist die Gottesherrschaft und die Entscheidung für sie in den Raum des menschlichen Herzens hineingelegt. Sie fordert das Herz des Menschen ganz und erwartet von ihm eine ungeteilte Hingabe ... Der Jünger Jesu bleibt zwar in der Welt, aber in der Welt dient er nicht der Welt, sondern Gott. Er denkt nicht die Gedanken der Welt, sondern die Gedanken Gottes. Er unterwirft sich nicht der Herrschaft der Welt, sondern der Herrschaft Gottes. Je mehr Menschen dies tun, um so mehr wird inmitten der Unordnung der Welt die Ordnung Gottes aufgerichtet. Um so besser und schöner wird die Welt.

Herbert Haag

Erbarme dich unser.
Erbarme dich unseres Strebens,
daß wir vor dir
in Liebe und Glauben,
Gerechtigkeit und Demut,
in Selbstzucht und Treue und Mut
dir folgen mögen
und in Stille dir begegnen.

 Dag Hammarskjöld

Das Ja Marias nachsprechen lernen

«Siehe, ich bin des Herrn Magd; mir geschehe nach deinem Wort!» In dieser entscheidenden Aussage ist schon die ganze Maria enthalten. Sie ist der hingebende Mensch, der sich als des Herrn Magd fühlte und sich bereitwillig dem göttlichen Wort unterwarf, mochte die Mitteilung noch so befremdlich sein. Deswegen wird sie hernach von Elisabeth gelobt: «O selig bist du, die du geglaubt hast!»

Während die Jünger später vom Herrn wegen ihrer Kleingläubigkeit gescholten wurden, ist Maria der im Glaubensgehorsam stehende Mensch, der keine Zweifel kennt. Ihr «fiat» ist eines der ganz großen, stellvertretenden Worte der Menschheitsgeschichte, dessen Gültigkeit aller Zeiten Wechsel überdauert. Der Christ hat sein ganzes Leben hindurch damit zu tun, es für seine eigene Existenz nachsprechen zu lernen, weil er nur durch die seelische Bereitschaft Anteil am Göttlichen gewinnt.

Walter Nigg

Gott, ich habe nicht den Mut, dir ein endgültiges Ja zu sagen; ich fürchte mich davor. Aber du verlangst von mir ja nichts anderes, als daß ich mich dir so schenke, wie ich bin ...

So nimm mich an in meiner Schwäche, meiner Angst, meiner Armseligkeit und all dem Reichtum, den du mir geschenkt hast.

Juliette Franzmayr

Ruf zur Freude

Jesu Ruf zur Umkehr ist ein Ruf zur Freude. Man stelle sich vor, die Bergpredigt beginne mit einem neuen Pflichtenkatalog. Nein, sie beginnt mit Seligpreisungen. Ein trauriger Heiliger ist für Jesus ein trauriger Heiliger ... Fröhlich sein und sich freuen soll sich der so korrekte Bruder des verlorenen Sohnes. Die Abkehr von der sündigen Vergangenheit und die Heimkehr des ganzen Menschen zu Gott ist für Gott und die Menschen ein Ereignis der Freude. Und für den Betroffenen selbst eine wahre Befreiung. Denn kein neues Gesetz wird ihm auferlegt. Leicht ist das Gewicht und sanft die Bürde, und fröhlich darf der Mensch sie tragen, wenn er sich unter Gottes Willen stellt.

 Hans Küng

Gepriesen sei der Gütige und Huldvolle,
der sich freut, wenn wir uns bekehren,
der uns freudig aufnimmt aus Liebe, ohne Vorwurf!
Gepriesen sei der Gnädige,
dessen Pforten zum Eintritt laden die Guten und die Bösen:
Auch den Bösen verschließt er ja nicht die Tür seiner Gnade!
Gepriesen sei er,
der allen sein Reich zum Erbe geben will:
den Gerechten kraft ihrer Tugenden,
den Sündern wegen ihrer Buße!

Ephräm der Syrer († 373)

Kindwerden

Am Anfang steht der barmherzige Vater, und am Anfang steht darum auch das vertrauende Kind. Der Herr verknüpft selbst einmal die Umkehr mit dem Kindwerden (Mt 23,37f). Sinn dieses Gleichnisses ist: Die Umkehr beginnt erst damit, daß der Mensch wieder ein Kind wird. Und daß er die Gottesanrede Abba wagt, wie der Herr es uns selbst gelehrt. War doch Abba die Anrede des Kleinkindes an seinen Vater, ein alltägliches Familienwort, das niemand auf Gott anzuwenden wagte. Jesus wagt diese Anrede (Mk 14,36). In dieser kindlichen Redeweise zeigt sich die kindliche, vertrauende und innige Haltung eines Menschen zu seinem Vater. Nur Kinder können Abba sagen.

Dieses kindliche und vertrauende Aufblicken zu Gott unserem Vater ist der Anfang unserer Umkehr, denn nur der kann kindlich-getrost Abba sagen, der sich bei Gott seinem Vater geborgen und von ihm kindlich geliebt weiß.

Thomas Sartory

Wenn die Kirche uns beten läßt: «Mein Gott, auf dich vertraue ich», dann sollten wir uns bemühen, ein klares Bild von diesem Gott unseres Vertrauens zu haben. Und um die Gnade beten, in kindlicher Gesinnung am Beginn des Weges, den Gott in uns anfängt und auch vollendet, mit überzeugtem Herzen zu rufen:

«Gott, mein lieber Vater, Christus, du Anfänger und Vollender meines Glaubens, Heiliger Geist, du Geist, der uns zu Söhnen und Töchtern macht.»

Thomas Sartory

Jesus und die Sünder

Es wäre ganz und gar nicht richtig, die Sünde und die Macht des Bösen in uns zu überschätzen. Jesus von Nazareth hat es nicht getan. Er verabscheute zwar die Sünde, aber war «ein Freund der Sünder». Er hat den Sünder nicht verurteilt. Die kleinste Regung der Reue hat genügt, um Jesus zu bewegen. Den reuigen und unverhärteten Menschen hat er unmittelbar ins Herz geschlossen. Er beurteilte den Menschen nicht nach seiner Sünde, sondern nach seiner Reue... Ihm war jedes Menschenherz unendlich kostbar, auch das der Sünder. Das Lukasevangelium nimmt sich ganz besonders Mühe, diese Wesenseigenschaft Jesu hervorzuheben. Jesus liebte die «Armen» (Lk 4,18; 7,22). Er war ein «Freund» der Sünder (Lk 7,34). Er besuchte sie und war mit ihnen zusammen in herzlicher Menschlichkeit (Lk 5,27–30; 15,1f; 19,7)...

Jesus forderte zwar Übermenschliches, Unerfüllbares: geistige Armut, Feindesliebe, Milde, Vollkommenheit wie die des Vaters; es kam für ihn aber nicht darauf an, daß der Mensch dabei «Erfolg» hat. Es waren keine starren Gebote, sondern lebendige Forderung und wirkende Kraft.

Ladislaus Boros

Ich weiß, daß durch Deine dauernde Gnade
Aus Leib und Blut Deines Sohnes Jesu Christi
In meiner innigen Liebe zu Ihm
Mir meine Sünden vergeben sind.

Daß aber aus Deiner gütigen Fürsorge
Ein Stachel zurückgeblieben ist in meinem Herzen,
Daß ich in Reue geläutert werde,
Durch Reue bewahrt vor künftigem Fall.
Amen!

Reinhard Johannes Sorge

Reue

Reue ist der eigentliche Weg zur Größe. Sie zeigt an, daß eine Seele noch frisch ist, empfänglich für das Neue, Andere, Bessere, daß sie sich dem ständig lauernden Bösen entziehen und immerzu einen neuen Anfang schaffen kann. So ist die Reue Bedingung der echten Freude, der Leichtigkeit auf dem Weg des Seins. Sie ist die Jugend des Geistes, das Frohe, das Umwandlungsfähige in ihm. Wer in ihr eine negative Eigenschaft sieht, hat ihr Wesen noch nicht begriffen. In ihr steigt die Welt aus der Finsternissen zum Licht auf, erneuert sich selbst, wird geistig.

Die Ärmsten der Armseligen sind Menschen, die es nicht mehr fertigbringen, Reue zu empfinden.

Ladislaus Boros

Gott, sei mir gnädig nach deiner Huld,
tilge meine Frevel nach deinem reichen Erbarmen.
Wasch meine Schuld von mir ab,
und mach mich rein von meiner Sünde.
Denn ich erkenne meine bösen Taten,
meine Sünde steht mir immer vor Augen ...
Erschaffe mir, Gott, ein reines Herz,
und gib mir einen neuen, beständigen Geist! ...
Mach mich wieder froh mit deinem Heil;
mit einem willigen Geist rüste mich aus!

Aus Psalm 51

Einübung in den Verzicht

Zu den Vorbedingungen der Umkehr gehört jene spezifische Seite der Buße, die als eine «Einübung in das Widersagen» verstanden werden muß, die verhindern kann, daß wir wieder nachgeben und weich werden: der Verzicht. «Haben als hätten wir nicht», die rechte Freiheit also ist erst dort möglich, wo ich das Verzichten gelernt habe ...

Wir werden keinen rechten Osterweg gehen ohne den Willen zur Selbstkritik. Es wird keine Selbstkritik geben ohne die Bereitschaft, sich die Zeit zu nehmen, um über sich selbst zu reflektieren und sich am Evangelium – oder sagen wir ruhig an Jesus Christus – zu messen. Und es wird keine wahrhaftige Umkehr geben ohne die Einübung in den Verzicht, welche Form er auch immer annehmen mag. In der Osternacht werden wir gefragt, ob wir bereit sind zu widersagen. Auf dem Osterweg geschieht die Nagelprobe dazu.

Johannes Riede

Christus,
du nimmst uns an mit unserem Herzen,
so wie es heute gerade ist.

Warum sollten wir, um zu dir zu gehen,
abwarten, bis sich unser Herz ändert?

Du änderst es jeden Tag von neuem,
ohne daß wir wüßten wie.

Denn du hast alles,
um die klaffenden Risse zu heilen.

 Frère Roger, Taizé

Umkehr als Lebensaufgabe

Bekehrung ist nicht ein einmaliger Akt, vielleicht mit Ausnahmen bei gewissen Heiligen, unter anderem bei Paulus. Bekehrung zur Klarheit ist eine Lebensaufgabe, die täglich neu beginnt, die täglich ein wenig weiter führt. Wir wachsen nur in kleinen Schritten hinein in das Reich Gottes, in das Reich der Liebe und des Friedens. Aber diese kleinen Schritte müssen wir tun . . .

Vierzig Tage lang haben wir Zeit, und wenn wir in diesen vierzig Tagen ausharren «in der Wüste» des Verzeihens, des Verzichtens, des Teilens, dann kommen wir einen Schritt weiter.

Diese kleinen Schritte der Fastenzeit führen uns langsam, aber sicher zur Klarheit, zum inneren Ahnen, auf dem rechten Weg zu sein: dem Herrn entgegen, bei dem am Ende alles klar sein wird.

Wer konsequent diese Schritte tut, dem wird in IHM vieles klar, was andern verborgen bleibt.

Thomas Brändle

Bleibe bei mir, Herr.
Halte deine Hand über mich,
aber gib auch,
daß ich mich unter deine Hand stelle.
Nimm mich, wie ich bin,
mit meinen Fehlern und Sünden,
aber hilf mir, so zu werden,
wie du es willst und wie auch ich will.

Albino Luciani, der spätere Papst Johannes Paul I.

«Wer mein Jünger sein will, nehme sein Kreuz auf sich»

Christi und des Christen Kreuz (1.–10. April)

Kreuz als Durchkreuzt-Werden

Wer Jesus in seinem Einsatz für die Sache Gottes nachfolgt und seine Sendung ernst nimmt, muß mit dem gleichen Schicksal, also dem gewaltsamen Tod rechnen (vgl. Mt 10,37–39).

Das Kreuz ist das Symbol für das Unterscheidend-Christliche. Christliches Leben kann nicht einfach identisch sein mit dem bürgerlichen Leben in der Welt. Es muß etwas von der dynamischen Kraft in sich haben, welche das Jetzt auf die Zukunft hin, diese Welt auf das Reich Gottes hin öffnet. Und hier muß es zum Konflikt des Christen mit der Welt kommen, so lange diese Welt nicht das Reich Gottes ist. Dieser Konflikt kann auch tödlich sein, wie mir in der Kapelle der modernen Märtyrer aufgegangen ist, die in der Kathedrale von Canterbury eingerichtet ist ... Martin Luther King, Mahatma Gandhi, Dietrich Bonhoeffer, Maximilian Kolbe, Erzbischof Romero und viele andere bezeugen, daß das Martyrium die bleibende Möglichkeit dessen ist, der sein Christsein ernst nimmt.

Anton Rotzetter

Herr,
ein anderes ist's, in guter Stunde zu sprechen: «Ich bin bereit zu allem, was Gott will» – und ein anderes, auch wirklich bereit zu sein, wenn das Kreuz kommt. Da ist das Herz oft schlaff und furchtsam und alle gute Bereitschaft vergessen.

So hilf mir festzustehen, wenn es gilt. Vielleicht ist das Kreuz schon da, oder ganz nahe. Es mag kommen, wann immer: Ich will bereit sein. Mach mich stark und großmütig, daß ich nicht jammere und mich vor dem, was nun einmal sein muß, nicht sträube. Ich will es tapfer ins Auge fassen und den Ruf des Vaters darin erkennen.

Romano Guardini

Der Mensch in Kreuzesgestalt

Der Mensch, jeder Mensch trägt in sich die Gestalt des Kreuzesbaumes. Wenn wir auf den Kruzifixus sehen, der an der Wand vor uns hängt, sehen wir ein Bild unserer eigenen Existenz. Man muß nur einmal die Arme ausbreiten, um sich in die Gestalt Jesu Christi am Kreuz hineinzufühlen.

Als Franz von Assisi im Sterben lag, bat er seine Mitbrüder, ihn nackt auf den nackten Boden zu legen – er wollte dort mit ausgebreiteten Armen sterben, wie Jesus Christus am Kreuz sterben mußte.

In der Geste des sterbenden Franziskus darf man etwas von der allumfassenden, sich ausliefernden Liebe Gottes nachempfinden. Und diese in unseren Leib eingezeichnete Geste ruft das Pauluswort in Erinnerung: «Ich bin mit Christus gekreuzigt worden; nicht mehr ich lebe, sondern Christus lebt in mir.»

Je mehr es mir nicht nur schauendes Wissen, sondern auch innere Erfahrung wird, daß der Kreuzesbaum unseres Herrn in meinen Leib eingezeichnet ist, desto mehr wurzelt sich Glauben in meinem Leben ein.

Josef Sudbrack

Herr Jesus,
ich bin es, in dessen leiblicher Gestalt dein Kreuz lebt; in den das eingezeichnet ist, was Gottes Liebe uns schenkt; in dem das wirksam ist, was die ganze Schöpfung durchseelt.

Herr Jesus,
ich bin es, der im Glauben gründen soll; der in der Hoffnung sich zum Himmel heben will; dessen Arme sich in weitausstreckender Liebe ausbreiten möchten.

Herr Jesus,
ich bin es, den du von deinem Kreuz herab anschaust.

Herr Jesus,
daß ich doch von deinem Blick getroffen werde.

 Josef Sudbrack

Unser Erlöser

Ich zweifle an meinem Heil, halte es nicht für möglich, daß meine Sünden vergeben werden können. Ich denke nur in den Kategorien von Gerechtigkeit.

Da geht er ans Kreuz, an jenem denkwürdigen Freitag. Ströme des Blutes aus seinen offenen Wunden übergießen mich. Drei Stunden bleibt er am Kreuz, dann stirbt er. Er ist gestorben, damit ich nicht mehr nach Gerechtigkeit frage, sondern erkenne, daß die Liebe alles aufgewogen hat. Für alle Zeiten ist er Sieger, zieht alles und alle an sich.

Damit mir das Kreuz nicht nur als Bild bleibt, das vielleicht mein Gebetbuch ziert, hat er die Eucharistie hinterlassen. Unter dem Zeichen des Sakraments ist er jeden Tag da, erneuert das Kreuzesopfer und wird selbst das lebendige Opfer seiner Braut, der Kirche.

Carlo Carretto

Gepriesen sei er,
der für die Sünder sich hingab dem Tod und der Schmach,
der die schimpfliche Kreuzigung erlitt,
damit die Sünder zum Leben kämen!
Gepriesen sei er,
der uns aus Gnade erschuf und dann kam,
um uns durch sein Kreuz zu erlösen!

Ephräm der Syrer († 373)

Was ist denn sicher?

Wenn jemand fragt: Was ist denn sicher? So sicher, daß man darauf leben und sterben kann? So sicher, daß alles dahinein verankert werden kann? – dann lautet die Antwort: die Liebe Christi ... Das Leben lehrt uns, daß dieses Letzte nicht Menschen sind, und seien es die Besten und Liebsten, auch nicht Wissenschaft, oder Philosophie, oder Kunst, oder was sonst Menschenkraft hervorbringt ... Sicher ist nur die Liebe Christi.

Wir können nicht einmal sagen: die Liebe Gottes, denn daß Gott uns liebt, wissen wir endgültig nur durch Christus ... Erst durch Christus wissen wir, daß Gott verzeihend liebt.

Nein, fest steht nur, was sich am Kreuz offenbart hat: die Gesinnung, die da lebt; die Kraft, die jenes Herz erfüllt. Es ist schon wahr, was oft in so unzulänglicher Weise verkündet wird: Das Herz Christi ist Anfang und Ende von allem.

Romano Guardini

Mein Herr Jesus Christus,
laß mich fortan leben
aus Deiner Liebe zu mir
und aus meiner Liebe zu Dir.

August Berz

Unser Kreuz

Wie Jesus selbst brauchen wir unser Kreuz keineswegs zu suchen ... Dieses Kreuz liegt in den Konsequenzen unseres heutigen Christseins, wenn wir uns im Sinne des Evangeliums Jesu Christi für mehr Menschlichkeit einsetzen und dabei allerdings das Kreuz riskieren ...

Das Kreuz kann öffentliche Blamage für denjenigen bedeuten, der sich im Namen des Evangeliums Jesu einsetzt für die Randsiedler unserer Wohlstandsgesellschaft, etwa für die Strafentlassenen oder für die ausländischen Arbeiter. Das Kreuz kann Prestigeverlust heißen für denjenigen, der sich auch in seinem Beruf und in der öffentlichen Tätigkeit nach dem Evangelium Jesu Christi ausrichten will. Das Kreuz kann der Schmerz einer Mutter sein, die ihr Kind auf schiefe Wege geraten sieht, es aber dennoch nicht verstößt. Das Kreuz kann auch eine schwere Krankheit sein, die ein Mensch durchleidet und dadurch anderen Menschen zur Ermutigung wird ... Jedem aber, der um Jesu und seines Evangeliums willen sein persönliches Kreuz auf sich nimmt, ist Leben verheißen, ganzes und volles Leben. «Wer sein Leben um meinetwillen verliert, wird es gewinnen.»

Kurt Koch

Kreuztragender Gottessohn,
vergib uns, daß wir unsere Sorgen so unwillig tragen.

Vergib uns, daß wir so oft mit Gott, mit dem Geschick und mit unserer Umwelt hadern, weil wir nicht gewillt sind, den Willen Gottes anzunehmen, wie Du, Herr, Dein Kreuz angenommen hast.

Herr, schenke unseren opferscheuen Herzen Tapferkeit.

Markus Merz

Seinen Teil tragen

Der Gott, der in diesem Menschensohn erkennbar wird, ist ein Gott, der leiden kann und in seiner Liebe das Leiden der Welt auf sich nimmt, damit die Menschen leben. Sein Menschensohn trägt das Kreuz und trägt uns mit unseren Aggressionen und schafft durch sein Tragen Versöhnung mitten im Streit.

Wer ihm nachfolgt, der trägt seinen Teil am Leiden, das auf der Welt liegt. Er trägt es nicht in seiner Kraft. Er trägt es in der Kraft Christi, die in der Schwachheit mächtig ist. Aber er trägt seinen Teil. Er schiebt das Leiden nicht mehr auf andere ab. Er nimmt es viel mehr anderen ab und trägt es für sie. So verbreitet auch er in seinem Lebensbereich Frieden mitten im Streit.

Jürgen Moltmann

Es dreht sich die Welt, fest aber steht das Kreuz. Am Kreuze bis Du, Jesus Christus, als wahrer Mensch den leiblichen Tod gestorben; am Kreuze hast Du als wahrer Gott dem heilsuchenden Menschenvolk offenbart das Geheimnis des wahren Lebens, das nimmer sterben wird. Dein Kreuz ist unsere Kraft, das eigene zu tragen und, Deinem Wege folgend, einzugehen in das Reich, das Du uns bereitet hast.

Joseph Bernhart

Wo ist heute Simon von Cyrene?

Keiner soll sein Kreuz alleine tragen. Wir alle können und dürfen mithelfen, mit unseren Möglichkeiten, mit unserem Geschick und unserer Phantasie. Nicht daß wir diese Kreuze suchen müßten. Sie begegnen uns – wenn wir die Augen offen halten – Tag für Tag ...

Der Karfreitag Jesu und seine Begegnung mit Simon von Cyrene zwingen uns, daß wir nicht länger Zuschauer an den Karfreitagen und Leidenswegen der Menschen sein dürfen. Wir dürfen, können und sollen mittragen. Nicht aus einem Zwang heraus. Eher aus Dankbarkeit. Einer, nämlich Jesus, hat damals für uns gelitten – und durchgehalten. Das gibt uns Mut, das ist unsere Hoffnung. Treten wir heute in die Fußstapfen des Simon von Cyrene. Wenn wir das tun, dann geben wir Hoffnung weiter, erhellen die Leidenswege heutiger Menschen.

Norbert Malsbender

Kreuztragender Gottessohn,
du hast für uns das Kreuz getragen.

Vergib uns, Herr, daß wir so wenig an dich denken, wenn du uns in der Gestalt eines leidenden Mitmenschen begegnest.

Vergib uns, daß wir unsere selbstsüchtigen Herzen verschließen, wenn uns ein hilfsbedürftiger Bruder naht.

Vergib uns, daß wir zu feige sind, um sein Elend anzusehen, daß wir zu träge sind, um seine Not zu lindern, daß wir zu geizig sind, um ihm ein liebes Wort zu geben.

 Markus Merz

Veronika

Damals auf seinem Kreuzweg
ist ihm Veronika begegnet,
die Frau mit dem Tuch.
Sie reinigte das Angesicht Jesu
von Tränen und Blut.
Und das Tuch trug die Züge des Erlösers.

Heute bin ich Veronika begegnet,
der Frau mit dem Tuch.
Sie bettet Kranke, tröstet Kinder,
stützt Behinderte, füttert Greise,
hält aus bei Sterbenden.

Und das Tuch trägt die Züge des Erlösers,
der von sich sagt:
Was ihr dem Geringsten meiner Brüder getan habt,
das habt ihr mir getan.

Gerhard Eberts

Herr,
gib, daß wir in den Gesichtern
zerfetzter, verhöhnter, niedergetrampelter Menschen
das Antlitz Jesu, deines zermarterten Sohnes erkennen.
Sein Leiden und die Leiden aller Menschen
schreien nach Liebe und Frieden.

Pierre Griolet

Der Schrei

Nur wenn Folter, Mord, Terror, Krieg unser Herz erreichen und sich zum Schrei auf unsere Lippen drängen – zum Schrei nach Erlösung und Befreiung –, nur dann wohnt Gott in uns, weil er der Gekreuzigte ist.

Nur wenn Armut und Not unser Herz erreichen und wir zu schreien beginnen nach Erlösung und Befreiung – in Solidarität mit den Leidenden –, nur dann wohnt Gott in uns, weil er der Gekreuzigte ist.

Nur wenn wir im Gekreuzigten unseren Schrei nach Erlösung und Befreiung erblicken und nur wenn dieser Schrei Christi über unsere eigenen Lippen kommt, begreifen wir, was wir feiern: Gott, der nicht das Leiden will, sondern das Leben; Gott, der auf unserer Seite ist und mit uns nach Erlösung schreit; den gekreuzigten Gott, der jedes Leid und jeden Schmerz an sein Herz drückt und damit Leben schafft.

Anton Rotzetter

Herr, unser Gott,
ein großer Schrei geht durch die Welt,
ein Schrei,
geboren aus Not und Tod,
aus Gewalt und Unterdrückung,
aus Schmerz und Leiden.

Gib, daß wir ihn hören auf den Lippen deines Sohnes,
Herr, unser Gott,
diesen Schrei der Welt,
den Schrei nach Auferstehung und Leben.
Höre diesen Schrei aus der Tiefe,
den Schrei Jesu,
und erlöse uns von allem Leid
durch ihn, der mit dir lebt und herrscht
in alle Ewigkeit.

Anton Rotzetter

Lebensopfer

Nur das, wofür ich sterben kann – es muß nicht unbedingt der Tod sein, vielleicht nur das tägliche Aufgebrauchtwerden im schlichten Dienst am Bruder oder nur das In-den-Mißerfolg-hineinberufen-Sein –, ist das Innerste meiner Überzeugung, ist mein Verkündigungsauftrag, hat Ewigkeit in meinem endlichen Sein und Beten. Kein Christ ist berufen, über alle Geheimnisse nachzudenken, alle Gebete der Kirche auszusprechen, alles mit der gleichen Eindringlichkeit zu vertreten. Er hat das Recht und die Aufgabe, sich an jenen Stellen in das Geheimnis zu vertiefen, an denen er einen besonderen Ruf nach ganzheitlicher Selbsthingabe vernimmt. Das wird dann seine individuell-gnadenhafte, charismatische Existenz sein, seine «theologia orans». Sage das, denke das zu Ende, vertiefe dich in jenes, was du mit dem Opfer deines eigenen Lebens hinüberretten möchtest in die ewige Vollendung. Vollziehe es aber in der Haltung Christi, in der Gesinnung des Märtyrers: in der Wehrlosigkeit.

Ladislaus Boros

Ewiges Wort, eingeborener Sohn Gottes,
lehre mich die wahre Großmut.
Lehre mich dir dienen, wie du es verdienst:
geben, ohne zu zählen,
kämpfen, ohne meiner Wunden zu achten,
arbeiten, ohne Ruhe zu suchen,
mich aufopfern,
ohne einen anderen Lohn zu erwarten
als das Bewußtsein,
deinen heiligen Willen erfüllt zu haben.

Ignatius von Loyola

«Steh auf von den Toten!»

Österliche Haltung (11.–20. April)

In der Nacht leuchtet Licht auf

Der alte Hymnus, das «Exultet», preist das heilige Licht, das in Christus zu uns gekommen ist. Das gleiche Licht spricht auch von der Nacht, welcher jenes Licht aufgestrahlt ist . . .

Es ist die dunkle Tiefe der Kreatur, ihre Schuld und ihr Leiden; aber nicht stolz und hoffnungslos, nicht in sich selbst verschlossen, sondern hinüber-, hinaufgeöffnet zum Geheimnis des neuen Anfangs. Dieses ihr Hoffen ist selbst schon Gnade; selbst schon Beginn der Erlösung. In ihr leuchtet das Licht auf . . .

So wollen wir vor seiner Liebe – nicht einen Anspruch, aber eine Macht machen aus unserer Not, aus unserer Unwissenheit, aus unserer bereuenden Sünde. Wir wollen das alles vor Ihn tragen:

Herr, Du bist der Schöpfer und die Liebe und das Licht.
Du hast im Dunkel der Welt das Licht hervorgehen lassen;
aus der Finsternis der Geschichte die Geburt Deines Sohnes;
aus dem Grabe die Herrlichkeit des Auferstandenen.
Laß aus unserer Nacht hervorgehen, worauf wir hoffen:
die Erkenntnis Christi;
das Leuchten seines Antlitzes über unserem

Geiste;
die Innigkeit seiner Nähe.
Dann mag geschehen, was will.
Einmal bricht das ewige Licht aus der letzten Nacht der Welt,
und wir werden an ihm Anteil haben.
Amen.

Romano Guardini

Fürst des Lebens

Für die Gemeinschaft der Urchristen war Christus «Anführer des Lebens», «Erstling der Entschlafenen», «Anfang der neuen Schöpfung», «Erste Frucht», «Urgrund der neuen Welt». In diesen neutestamentlichen Hoheitstiteln des Erlösers erscheint Christus als «Fürst des Lebens», gleichsam als «Lotse» der gesamten Schöpfung, als Pfeil des universalen Werdens. Diese kosmische Stellung Christi begründet im Empfindungsbereich der christlichen Existenz (in der «christlichen Seele») eine Ehrfurcht vor aller Kreatur, eine Aufmerksamkeit für das Leben, ein Mitfühlen mit jeglichem Geschöpf; ein universales Wohlwollen.

Das Leben kann nach der Auferstehung Christi nicht mehr scheitern; es wurde endgültig «aufgerichtet» im verwandelten Leib des Erlösers; es ist unendlich kostbar geworden, hinübergerettet in die ewige Vollendung. In jedem Geschöpf gibt es eine letzte Tiefe ...

Ladislaus Boros

Du, Herr, bist unser Erlöser.
Du willst uns immer tiefer in Deine Liebe ziehen.
Du willst all unsere Sehnsucht und Schmerzen verwandeln und heilen ...
Wir bitten Dich, Herr, um Segen und Heil
für alle unsere Wunden und Schmerzen,
für unseren Weg durch das Leben,
für alle Menschen,
die mit uns unterwegs sind zu Dir.
So wird Deine Auferstehung für uns zum Fest der Erlösung,
zum Fest der liebenden Gemeinschaft mit Dir und den Menschen.

Christa Schrödinger

Durch Dunkelheit hindurch

Der Lebensraum des auferstandenen Menschen ist die Heimat, der wir uns entgegensehnen. Jedes noch so progressive Programm bleibt Schall und Rauch, wenn es bloß ein altes Kleid mit einem andern vertauscht, anstatt uns das Auge zu öffnen für die neue geistige Realität, für die Gemeinschaft mit dem aus dem Grabe befreiten gegenwärtigen Gott ...

Gerade durch die Nägelzeichen offenbarte sich Christus in seiner Identität. Die Wundenmale an seinen Händen und Füßen sehen heißt zurückblicken in die Vergangenheit und ihn als den erkennen, der durch die Passion gegangen ist ...

Stets führt der Weg in den Ostermorgen über die Via dolorosa. Auferstehung ereignet sich durch Leid und Dunkelheit hindurch und hinter dem weggewälzten Stein des Grabes hervor. Seit dem Tode Jesu auf Kalvaria aber bleibt kein menschliches Opfer ohne Sinn, weil der Erlöser es in sein eigenes Leiden hineingenommen und zur Verwandlung bestimmt hat.

Peter Heimann

O Herr, das ist die frohe Botschaft, die Du allen gebracht hast: daß nach jedem Karfreitag ein Ostern kommt. Daß alles Leiden eine Quelle des Segens ist und der Tod selbst der Samen neuen Lebens für jeden, der sich an Dich hält.

Das lehre mich verstehen. Laß die Überzeugung in mir lebendig werden, wenn die trüben Stunden kommen. Dann werde ich erfahren, daß ich so das Leiden nicht nur ertragen, sondern auch überwinden kann. In Dir will ich mich ihm gewachsen fühlen; innewerden, wie aus jeder tapfer durchkämpften Leidensstunde die Seele stärker hervorgeht, aus jeder durchschrittenen Finsternis ein Strahl Osterlicht hervorleuchtet. Und daß, wer so mit Dir lebt und leidet, auch in der Bitterkeit teilhat an Deinem Frieden.

Romano Guardini

Glauben wir an die Auferstehung?

Warum sind wir oft so feige und resigniert? Warum kämpfen wir oft, als ob wir die heimlich eingestandene Niederlage nur äußerlich noch hinauszögern wollten? Warum opfern wir im Dienste Christi nur kümmerlich so ein paar Pfennige, als ob es uns doch zu unsicher wäre, das ganze leben, alle Kraft und den letzten Tropfen des

Herzblutes daranzuwagen? Ist Christus von den Toten auferstanden oder ist er es nicht?

Wir glauben an seine Auferstehung! Ist das wahr? Glauben wir, was darin beschlossen ist:

Er ist der Lebendige. Er ist der Sieger über Sünde und Tod. Er ist nicht der, der in den Himmel aufgefahren ist, um aus der Weltgeschichte zu verschwinden, als ob Er nie darin gewesen wäre. Er ist in den Himmel aufgefahren, nachdem Er in die letzte Tiefe der Sünde, des Todes und der verlorenen Welt hinabgestiegen war und aus diesem Schlund, der alles behält, lebendig herauskam.

Karl Rahner

Du bist das Leben, das des Todes spottet – und den Zugang zu solch ewigem Leben hast du auch uns eröffnet. In Jesus Christus, deinem Sohn, unserem Bruder, hast du das Alles getan.

Erlaube es uns nicht – erlaube es keinem von uns – dieser Deiner Gabe und Offenbarung gegenüber stumpf und gleichgültig zu bleiben ...

Wir alle sind keine großen, sondern nur ganz kleine Christen. Aber deine Gnade genügt uns. Erwecke uns also zu der kleinen Freude und Dankbarkeit, deren wir fähig sind – zu dem zaghaften Glauben, den wir aufbringen mögen – zu dem unvollkommenen Gehorsam, den wir nicht verweigern können – und damit zu der Hoffnung auf das Große und Ganze und Vollkommene, das du uns allen im Sterben unseres Herrn Jesus Christus zubereitet und in seiner Auferweckung von den Toten verheißen hast.

Karl Barth

Die Sprengkraft des Osterglaubens

Der neuerwachte Frühling verändert und verzaubert die Natur und auch uns Menschen. Ist das nicht zeichenhaft für die geistige Sprengkraft des christlichen Osterglaubens? Der Herr hat die Fesseln von Grab und Tod gesprengt und ist auferstanden. Er lebt wieder! Nun aber ist Christus nicht für sich allein auferstanden, sondern für uns. Darum schreibt Paulus: «Ihr seid mit Christus auferweckt!» Durch die Auferstehung wurde der neue, der österliche Mensch geschaffen.

Wir bleiben zwar sterbliche Menschen und teilen mit Christus das unabänderliche Los des Todes. Doch Tod und Resignation haben ihr Letztes und Bestimmendes verloren. Denn «Jesus hat den Tod bezwungen und uns allen Sieg errungen». Damit hat er eine urmächtige Hoffnung begründet, die einzige Hoffnung, die uns nicht mehr genommen werden kann. Jene Hoffnung, die hinter allem Versagen, unter allem Schutt der Verwüstung, durch alle Enttäuschung des Lebens hindurch weiterlebt und als ein unzerstörbares Angebot an alle Menschen heute und morgen aufgerichtet bleibt.

Arnold Helbling

Herr Jesus Christus,
tiefe Trauer umgibt die vielen Gräber zerstörter Hoffnungen. Befreie uns aus der dunklen Nacht der Schwermut! Schenke uns das Licht Deiner österlichen Verheißung!

Josef Krumbachner

Offener Spalt

Dazu also lädt uns Ostern ein, auf Jesus nicht nur zu hören, sondern hörend auch von innen her sehen zu lernen. Dieses größte Fest des Kirchenjahres ermutigt uns, im Blick auf ihn, den Getöteten und Auferstandenen, den offenen Spalt im Himmel zu entdecken. Wenn wir die Auferstehungsbotschaft begreifen, dann erkennen wir, daß der Himmel über der Erde nicht ganz geschlossen ist. Dann dringt – noch scheu und doch mächtig – etwas vom Licht Gottes in unser Leben herein. Dann wird in uns die Freude aufgehen, auf die wir sonst vergeblich warten, und jeder, in den etwas von dieser Freude eingedrungen ist, kann auf seine Weise ein Spalt sein, durch den der Himmel auf die Erde blickt und zu ihr kommt.

Joseph Ratzinger

In unserem dahingehenden Leben, o Herr, ahnen wir Deine stille Ewigkeit ... Deiner Ewigkeit Mitte ist dort, wo Du, o Vater, und Du, o Sohn, einander nahe seid in der Innigkeit des Heiligen Geistes.

In jener Stille ist Deine Liebe und Dein Friede.

In ihr ist Deine Heimat, o seliger Gott.

Von dort bist du, Jesus, Christus, zu uns gekommen und hast uns Kunde gebracht von dem, «was kein Auge gesehen hat, und kein Ohr vernommen, und was in keines Menschen Herz gedrungen ist.»

Wenn die Zeit vollendet ist, soll dort auch meine Heimat sein. Mache mich dessen gewiß. Laß das Verlangen dorthin in meinem Herzen nie sterben, damit ich im Wandel des Lebens dessen inne bleibe, was allem Leben erst Maß und Sinn gibt. Laß mein Gemüt vom Hauch Deiner Ewigkeit berührt sein, damit ich das Werk der Zeit richtig tue und es einst hinübertragen darf in Dein ewiges Reich.

 Romano Guardini

Was uns trägt

Auch wenn die Welt uns Christen als Phantasten abtut: wir brennen ihr jeden Tag neu das Prinzip Hoffnung ein. Hoffnung aber ist ein Stück Auferstehung, ein Widerschein der Auferweckung Jesu. Was uns trägt im Alltag, ist der Glaube an die Auferstehung, die jetzt schon beginnt – kraft der Taufe, durch die wir Christus einverleibt sind. Lebt Christus in mir, dann kann geschehen, was will: es wird mich nicht «töten», egal, was Menschen mir antun, über mich reden oder denken. Ganz gleich, welches Schicksal mich trifft ...

In Jesu Auferstehung ist meine Auferstehung schon grundgelegt. Jetzt schon strömt die Kraft des Auferstandenen mir zu: Leben, Hoffnung, Friede und Freude, Glück. Und einmal wird der Lebensstrom der Auferstehung uns alle hineinreißen in die Herrlichkeit beim Vater, in die Fülle Gottes. Wir werden, von Gott erfüllt, als «neue Schöpfung in Christus» leben.

Otto Lutz

Herr, dies ist der Trost:
daß Du uns erlöstest mit Deinem Tod,
daß Du, Herr, auferstanden bist
und alle Ketten sprengtest,
die uns gefesselt an uns selbst –
und unser böses Sein –,
daß Du in Licht und Herrlichkeit

zum Vater gingst und doch bei uns bleibst
bis ans Ende der Zeiten –.
Dies ist der Trost.
Wie wär' es möglich sonst,
dies Leben auszuhalten hier und jetzt!

Elsi Schindler

Auferstanden in unser Leben

Die Auferstehung Jesu hat mit unserem Leben zu tun und sie muß dort erfahren werden und für andere erfahrbar gemacht werden.

Wo der Mensch Vorurteile und Haß überwindet, ist der Geist des Auferstandenen wirksam. Ebenso dort, wo nicht mehr Angst und Furcht, Resignation und Pessimismus herrschen. Denn das aufgebrochene Grab kündet von einer Situationswende in der Geschichte der Menschheit. Gegen alle Erfahrung hat sich die Liebe stärker erwiesen als der Tod. So wird dem Menschen eine neue Zukunft eröffnet und Gelingen verheißen. Darum ist auch dort, wo der Mensch auf diese verheißene Zukunft hin lebt und immer wieder, trotz allem Versagen, einen neuen Anfang wagt, die Kraft des Auferstandenen wirksam.

 Hans Fink

Wohin, frage ich mich oft, bist du auferstanden?
Welcher Himmel reißt mit meinem Tode auf
wie ein Vorhang, der den dunklen Zuschauerraum trennt
von der hellstrahlenden Bühne?
Wo findet das ewige Ostern statt von mir und dir
und allen?
– Auferstehe, wo du nicht anders zu finden bist,
in mein Herz.
Auferstehe in mein Fleisch und Blut.
Auferstehe in meine dunkelsten Wünsche,
in meine Abgründe, in meine Not.
Wohin, frage ich mich,
wolltest du auferstehen
als in mich?

Isolde Lachmann

Auferstehung jetzt

Die Auferstehung geschieht jetzt; sie ist ein laufender Prozeß. Ein Herz hat sich einem anderen Herzen in Liebe und Vergebung geöffnet? Hier ist die Auferstehung geschehen! Die Menschen haben untereinander gerechtere und brüderlichere Beziehungen hergestellt? Hier verwirklicht sich die Auferstehung! Es hat eine Verbesserung der Lebensumstände, besonders für die Unterdrückten und Abgeschriebenen gegeben? Hier zeigt sich die Auferstehung! Jemand ist gestorben, der in seinem Leben gütig war oder sich für seine Brüder aufgeopfert hat? Hier ist die Auferstehung hell und klar hervorgetreten!

Das letzte Wort, das Gott sprach, um unser Schicksal zu besiegeln, war nicht Tod, sondern Leben. Wir brauchen nicht mehr traurig zu sein. Säen wir Samenkörner der Auferstehung auf dem dunklen Boden unserer Ängste. Freuen wir uns!

Leonardo Boff

Halleluja! Halleluja! Halleluja!
Ich werde nicht sterben, sondern leben,
um die Taten des Herrn zu verkünden.
Halleluja! Halleluja! Halleluja!

Osterjubel der Kirche

Immer wieder auferstehen

Immer wieder müssen wir aufstehen, auferstehen, um unseren Weg aus Dunkel zum Licht zu finden, aus Rätseln des Leidens in die Lösungen eines größeren Sinns, aus Versagen und Schuld in die Befreiung eines Verzeihens, aus Tränen der Schwermut in das Lachen der Erlösung, aus Verzagtheit der Vergangenheit in die Zuversicht der Zukunft, aus Sprachlosigkeit in den Trost der Worte, aus irrenden und fehlgeleiteten Schritten auf die Kreuzung einer neuen Richtung, aus der Ungeduld des eigenen Herzens in die Offenheit der anderen, aus lähmender Einsamkeit in die Begegnung einer hellen Freundschaft, aus den sicheren Zeichen der Vergänglichkeit in die großen Verheißungen des Kommenden, aus der Leere ausgelaufener Stunden in die Fülle einer tieferen Sinnfindung, aus der Erstarrung in das gelöste Sprechen der Zuneigung, aus dem Wüstentag des Einerlei in erfrischende Oasen der Stärkung, aus der alltäglichen Enge in die Weiten eines befreienden Gottes.

Hans Wallhof

Du warst gefangen und bist frei.
Nun schaffst du mich neu zu einem freien Menschen.
Ich bin nicht mehr, was ich war.
Ich bin nicht mehr, was ich von mir selbst weiß,
sondern was du aus mir gemacht hast ...
Ich bin dein.
Ich war gefangen und bin frei.
Ich bin auf deinen Namen getauft.
Ich bin und bleibe dein Kind,
neu geschaffen durch deinen Geist,
den schöpferischen ...
Ich danke dir, Herr, jetzt und in Ewigkeit.

Jörg Zink

«Seid fröhlich in der Hoffnung!»

Die Freude des Christen (21.–30. April)

Auf der Erde hat der Himmel begonnen

Steh auf aus der Nacht deiner Mutlosigkeit und deiner Lebensmüdigkeit zu einem neuen Morgen voller Sonne, voller Vögel und Blumen. Komm heraus aus dem Winterschlaf deines freudlosen Daseins zu einem neuen Frühling voll neuem Licht und neuen Horizonten. Erhebe dich und steh auf! Wenn Gott schon in jedes Blatt eines jeden Baumes Auferstehung geschrieben hat, um wieviel mehr auch in dein armes Menschenherz!

Tritt gläubig ein in das magnetische Feld eines Gottes, der Liebe ist und der in der Auferstehung Jesu unsere Auferstéhung ankündigt. Dann wirst du durch alle dunklen Tunnels hindurch soviel Licht, soviel Leben, soviel Freude finden, daß du bis in dein tiefstes Wesen spüren wirst: Auf der Erde hat der Himmel begonnen.

Phil Bosmans

DU bist auferstanden
HERR
aus Grab und Tod
zum Leben in Herrlichkeit

DU hast uns mitgerissen
HERR
aus Nacht und Sünde
ins strahlende Licht
des Lebens in Herrlichkeit

DU lebst beim VATER
HERR
stärkst Brüder und Schwestern
mit dem Wort und dem Brot
des Lebens in Herrlichkeit.

Bruno Stephan Scherer

Die Freude im Christenleben

Freut sich der Christ nicht, so stellt er sich damit eigentlich außerhalb seines Christseins; er tut, wenn er die Sorgen über die Freude siegen läßt, als ob er eine Weile nicht Christ sein wolle. Wenn ein Christ Sorgen hat, so gehören sie ins Gebet; im Gebet bekommen die Sorgen ihr rechtes Gewicht; denn Christengebet ist zunächst und zumeist Dankgebet dafür, daß der Vater uns in seinem Sohne alles geschenkt hat. Der Friede Christi – etwas, das größer ist als wir uns menschlich überhaupt vorstellen können – umfängt uns immer; in ihm sind die Sorgen aufgehoben und auf ihre wirkliche Bedeutung zurechtgerückt. Das Christentum ist nicht eine Religion der Angst, sondern die Religion der Erlösten, derer, die in Christus einen immerwährenden Grund zu Freude haben. Diese Freude ist nicht von dieser Welt, aber weil sie aus Christus ist, der die Not der Menschen am tiefsten kennengelernt hat, jetzt aber in der Herrlichkeit des Vaters lebt, deshalb kann sie allein bestehen in allen Fährnissen und Sorgen dieser Welt.

Ludwig A. Winterswyl

Unser großer Schmerz ist, daß wir dich ohne Freude lieben, o du, von dem wir «glauben», du seist unser Jubel ...

Ein großer Schmerz für uns ist es, daß wir deine schöne Musik so freudlos spielen, Herr, der du uns Tag um Tag bewegst.

Daß wir immer noch bei den Tonleitern sind, bei der Zeit der atemlosen Bemühungen.

Daß wir zwischen den Menschen hindurchgehn wie schwerbeladene, ernste, überanstrengte Leute.

Daß wir es nicht fertigbringen, über unserm Winkel der Welt, während der Arbeit, der Hast, der Ermüdung etwas auszubreiten wie Anmut und Behagen der Ewigkeit.

Madeleine Delbrêl

Glanz der Freude

Dem ungemütlichen Morgen zum Trotz wollen wir heute so gut aufgelegt sein, als schiene die Sommersonne in unsere Wohnung. Es wäre ja so schön, einmal wieder von Herzen froh zu sein und eine strahlend gute Laune in den Tag mitzunehmen. Die unterste Schicht, die alles trägt, ist ja nicht mehr die schwarze Finsternis der Verlorenheit, sondern das im Erlöser gesprochene Ja Gottes zu seiner Schöpfung.

Warum blüht der Friede des Christen nicht spontaner in Freude auf? Wo ist der Gottesbeweis der Freude auf dem Antlitz seiner Kinder?

Man kann seinen Glauben gar nicht besser empfehlen als mit einer durch alles Leid hindurch geläuterten Freudigkeit des Herzens, wie man umgekehrt durch ein unerlöstes Wesen alle Wege zu Gott verstopft . . .

Wir haben die Aufgabe, mit unserer Freude die Welt zu segnen. Gott will unseren Tagen Glanz geben. So sei der letzte Entschluß der, daß wir dem heutigen Tag aus der Tiefe unseres Glaubens den Glanz einer hellen, festlichen Fröhlichkeit geben.

Hermann Zeller

Gott, du bist ein Gott der Freude,
der in Fülle schenkt.
Du kannst nicht nur Wasser in Wein verwandeln.
Du kannst auch unsere Herzen umwandeln,
daß sie, erfüllt von göttlicher Liebe,
deine Liebe weiterfließen lassen
zu allen Menschen,
weil wir Schwestern und Brüder sind.
Gott, hilf uns, wir bitten dich!

R. und A. Krieg

Ein Gott der Freude

Der Landarbeiter verkauft «in seiner Freude» alles, was er besitzt. Der Hirt nimmt das verlorene und wiedergefundene Schaf «voll Freude» auf die Schulter. Die Frau, die ihre Drachme gefunden hat, ruft den Nachbarinnen zu: Freut euch mit mir! ...

Wenn man den Hintergrund der Gottesverkündigung Jesu bedenkt, gewinnen alle diese Worte von der Freude, sei es der Freude Gottes oder der Freude der Menschen, einen einheitlichen Grund:

Der Gott Jesu ist ein Gott der Freude, der sich selbst freuen kann und Freude schenken will. Wer die Botschaft Jesu begriffen hat und sich von ihr ergreifen läßt, wird von einer mitreißenden Freude erfaßt. In dieser Freude ist er fähig, alles andere hinzugeben und sich ganz Gott zu schenken.

Rudolf Schnackenburg

Gott, wir bitten dich, gib uns ein wenig Freude: die Freude des Kaufmanns, nachdem er die begehrte Perle; die Freude der Frau, die die verlorene Drachme gefunden hat; etwas von der Freude des verlorenen Sohnes, der heimgekehrt ist zum Vater.

M. Malinski

Bin ich offen für die Freude?

Jeden Tag dürfen wir unsere Freuden erfahren. Bin ich wirklich offen, um diese Freuden aufzunehmen? Bin ich von mir selber losgelöst, um mich an den Freuden anderer mitzufreuen? Verstehe ich es, in den andern Freude zu wecken durch mein ungezwungenes, herzliches Da-sein?

Oder ist mir anderes wichtiger, eben weil ich ja *meine* Sorgen habe, *meine* Arbeit bewältigen muß, *meine* Ideen verfolge und *meine* Probleme zu lösen habe?

Jede Minute ist Geld wert: vergängliche Werte. Jede geteilte oder geschenkte Freude hingegen hat Ewigkeitswert. Vielleicht müßte ich wieder wie ein Kind staunen lernen, anhalten, wahrnehmen, bewundern, mich an bescheidenen Dingen freuen können. Nach und nach würde mein Inneres wieder fähig, Freude zu verkosten und auszustrahlen, die Herzen meiner Mitmenschen zu erwärmen und zu beglücken.

Anna-Beata Suter

Gott
wie kommt es
  daß Menschen so unendlich traurig sind?
So trostlos und elend?
Wenn sie doch lächeln könnten
  Strahlen!
Du willst es doch
Darum hast Du Deinen Sohn gesandt
  Er hat die frohe Nachricht verkündet:
  Du bist da
  Du gehst mit uns
  Wir haben Grund zum Lachen und zum
  Strahlen

Warum sehe ich davon so wenig?
Ich nehme Dich beim Wort
  und appelliere an Deine Verheißung
Mach die Menschen froh
  frei von allen Zwängen
Laß sie tanzen und jubeln
und die Fülle des Lebens verkosten

Anton Rotzetter

Mach dich zum Leben auf!

Den Kopf reinigen von der Jagd nach immer mehr. Das Herz entwirren von den tausend Verstrickungen an törichten Begierden.

Sich von den Dingen lösen, die man nicht braucht. Freude wird deinen Geist erfüllen, Mut zum Leben.

Dein Haus strahlt Wärme aus, menschliche Wärme und Geborgenheit.

Deine Augen sehen wieder die Blume, die blüht. Deine Ohren hören wieder den Vogel, der pfeift. Du arbeitest mit deinen Händen.

Herrlich schmeckt ein Stück Brot, ein Glas frisches Wasser. Wenn die Sonne scheint, fängst du an zu tanzen, und im Regen kannst du pfeifen.

Und du wirst spüren: Wir sind gemacht für die Freude.

Phil Bosmans

Herr, ich freue mich an der Schöpfung, ich freue mich und freue mich. Die Psalmen singen von deiner Liebe, und wir erfahren sie: jeder Tag ist in deiner Gnade.

Herr, ich werfe meine Freude wie Vögel an den Himmel. Ein neuer Tag, der glitzert und knistert, knallt und jubiliert von deiner Liebe. Jeden Tag machst du.

Halleluja, Herr!

Aus Westafrika

Quellen der Freude

Wissen, daß man lebt, daß man lebendiges Leben in allen Gliedern hat, daß man liebt – das bereitet einem Freude . . .

Auch die Liebe zu allen Menschen ist eine Quelle der Freude. Die Auferstehung schenkt uns ein Leben in der Freiheit; Leben und Freiheit ermöglichen uns die wahre Liebe. Alle Dürftigkeit, alle Eifersucht, aller Haß erscheinen lächerlich, wenn die Freude herrscht. Dann denkt man nur noch daran, wie man das Glück mit den vollen Händen der Liebe weitergeben kann. Nichts ist einem dann lieber, als die Freude eines anderen . . .

So entfaltet sich die Freude durch die Auferstehung Christi, die das Leben frei macht, und durch das Leben, das uns die Liebe zu den Menschen und allen Geschöpfen ermöglicht.

Max Thurian

Himmlischer Vater,
schenke uns jeden Tag ein wenig Freude.
Schicke uns jemand mit einem kleinen Lächeln,
einem aufmunternden Wort,
einem hellen Blick über den Weg.
Laß einen langerwarteten Brief kommen,
einen geliebten Menschen gesund werden,
ein Mißverständnis sich aufklären.
Zeige uns jeden Tag etwas Schönes:
eine blühende Blume,
einen tapferen Menschen,
eine gute Tat.
Daß wir davon froh werden.

Paul Roth

Freude an uns selber und an den anderen

Wenn wir doch die Augen aufmachten für die schönen kleinen Dinge bei uns, für das kleine Gelungene. Oder für die schönen kleinen Dinge bei anderen, für das kleine Gelungene an anderen. Wieviel übersehen wir da bei uns und bei anderen. Und wenn wir es sehen, wie selten sprechen wir es aus. Wie kommt das, daß wir das Negative so bewußt, das Positive so wenig bewußt wahrnehmen? Für Gott ist nichts zu gering. Er nimmt uns wahr, so wie wir sind. Gott freut sich über jeden von uns: es ist schön, daß es dich gibt. «Und Gott sah, was er geschaffen hatte – es war sehr gut.» Als Jesus getauft wurde, ließ sich der Heilige Geist auf ihm nieder. Er erfuhr die Annahme des Vaters: «Du bist mein geliebter Sohn, an dem ich meine Freude habe.» Das ist über jeden von uns gesagt. Wenn wir in der Alltäglichkeit unseres Lebens ein bißchen mehr Freude an uns selber entwickelten, so wie wir sind, nicht wie wir uns malen würden, wenn wir ein bißchen mehr Freude entwickelten an anderen – dann hätte sich viel ereignet.

Hans Albert Höntges

Mensch, freu dich!
Über dich selbst und über die andern!

Das Herz schlägt,
die Hände fühlen noch.

Du magst die Menschen
in deinem kleinen Paradies.
Du weißt: Gnade.

Die Sonne hebt doch jeden Morgen
die Welt ganz neu vor deine Augen
und ein kostbarer Tag ist da.

Heute,
der erste Tag vom Rest meines Lebens.

G. Kiefel

Die Freude bewahren

Wo sind solche Menschen, die trotz Belastung und Kampf, trotz Leiden und Not die Freude bewahren? Gibt es die überhaupt?

Wer sich in der Geschichte der Christenheit etwas auskennt, dem fallen sofort einige Namen ein. Ich erinnere etwa an den heiligen Franziskus, an die großartigen Jugenderzieher Philipp Neri und Don Bosco oder an den guten Papst Johannes. Das sind nur wenige Namen aus der Schar derer, die ohne Unterlaß die Wahrheit bezeugen: Der Glaube an Gott ist eine unversiegliche Quelle der Freude und des Vertrauens ...

Wie aber schafften es diese Menschen, die Freude mitten in der Drangsal zu bewahren? Ihr Geheimnis liegt wohl darin, daß ihr Herz niemals die Hoffnung aufgab ...

Im Glauben an den Gott der Liebe weiß ich, daß seine Versprechungen gültig sind und gültig bleiben, selbst wenn alle sogenannten Tatsachen Gottes Versprechungen zu widerlegen scheinen. Gottes Wort ist beständiger als die Übel, die unser Dasein bedrohen.

Georg Moser

Herr, du sprichst mir zu
die Freude, noch auf deinem Acker zu stehen
die Freude, bereit und offen zu sein
die Freude, vertrauen zu können
die Freude, warten zu dürfen
die Freude, zu DIR zu streben
die Freude, in DIR zu sein.

Hans J. Limburg

Freude auch in Not

Selbst in einer fast nicht mehr ertragbaren Not kann der Mensch noch glücklich sein, vorausgesetzt, daß er nicht das eigene Glück sucht. Die Heiligen sprechen, ja jubeln und singen vor überströmender Freude mitten in den schrecklichsten äußeren Bedrängnissen. Franz von Assisi mußte zwei Hölzer aufraffen und auf ihnen wie mit Geige und Bogen spielen, mußte tanzen und singen ...

Freude erfahren wir nur im Sichöffnen, im Umfassen, im Sichverschenken. Wenn wir uns nur an uns selbst klammern, dann bedrückt uns alles, was dieses Selbst nur irgendwie angreift:

Krankheit, Leid, Armut, Unehre, Mißerfolg. Hat man sich aber dem Dienst am Bruder hingegeben, hat man sein eigenes Selbst dem Nächsten überantwortet, so wird all das, was wir selbst erleiden, nichtig und unwichtig.

Ladislaus Boros

Herr, ich selbst kann einfach
nur jeden Tag alles Tägliche tun
ohne Murren und Klagen,
wie zermürbend auch manchmal
meine Arbeit sei
und Ärger und Enttäuschungen groß
und mein Tun in Deinem Dienst
lächerlich klein –
wie ohne Wirkung und Sinn!

Doch hilf mir, bitte,
daß ich mein Leben
immer mehr in Freude lebe,
als wär' ich ganz in Glanz gehüllt,
und ich, in meinem Unbedeutendsein,
so, wie ich bin, trotzdem
ein Zeichen deiner Verherrlichung sei.

Elsi Schindler

«Mein Gott bist du»

Gott unser Vater (1.–10. Mai)

Was bedeutet an Gott glauben?

Wie Jesus glauben heißt in unserem Glauben an Gott auf Jesus schauen. Sein ganzes Leben ist von diesem Glauben an Gott getragen, an Gott, den er Vater, seinen Vater nennt . . .

Am Glauben Jesu wird klar, daß Glauben an Gott bedeutet: Nicht nur «Herr, Herr» sagen, sondern aus und in Gott leben, den Willen des Vaters tun (Mt 7,21), sei wie der Vater ist: vollkommen, barmherzig, gerecht, heilig. Glauben an Gott – in Jesus angeschaut – heißt wissen: Es kann schlechterdings nichts geben, das uns von Gott trennt, kein Glück und kein Unglück, keine Freude und keinen Schmerz. Glauben an Gott – in Jesus angeschaut – heißt wissen: Alles bekommt im Licht Gottes, der unser Vater ist, ein neues Gesicht, einen neuen Stellenwert in unserem Leben.

Heinrich Fries

Herr, mein Gott, laß mich
Dich in allem suchen,
Dich in allem finden;
laß mich Dich in allem
und über alles,
laß mich alle und alles in Dir
lieben.

 August Berz

«Wir – deine Verstecke»

In der Bibel heißt es, daß der Mensch sich vor Gott versteckte. Und Gott rief: Adam, wo bist du? Hier aber wird von Gott gesagt, daß er sich in uns versteckt: «Wir – deine Verstecke».

Hat er sich in uns verborgen? Oder haben wir ihn in uns «versteckt»? Meister Eckhart sagt: «Gott ist in uns daheim, wir sind draußen.»

Ihn in uns aufzufinden, das ist unsere wahre Lebensaufgabe.

Kinder spielen das Versteckspiel. Wer den Versteckten findet, hat gewonnen. Wer Gott findet, hat gewonnen!

Gott, wo versteckst du dich in meinem Leben? Jetzt, in dieser Lebensstunde?

Es gibt Stunden in meinem Leben, leidvolle, da versteckt er sich so tief, daß ich ihn nicht mehr finden kann. Aber wenn er mir dann doch aus seinem Versteck ein Zeichen gibt und ich ihn finde, dann verwandelt sich alles ...

Es wird wohl ein Segen für mich sein, daß er sich in meinem Lebenshaus versteckt. Er ist der geheime Schatz in meinem Lebenshaus, der alles geheimnisvoll verwandelt.

Johannes Bours

«Wo bist du, o Gott?
Jenseits der Geplagten?
Unter uns?
Über uns?
Wo bist du, o Gott?
warum verbirgst du dich?»

«Wo bist du, o Mensch?
In dir?
Außer dir?
Unter den Menschen?
Über den Menschen?
Wo bist du, o Mensch?
Warum verleugnest du dich selbst?
Ich sehe Masken, Apparate!
Worin versteckst du dich?»

«Was denkst du über mich, o Gott?»
«Was denkst du über mich, o Mensch?»

Martin Gutl

Der dreieinige Gott

Wir Christen glauben, daß das unergründliche Gottesgeheimnis dort seine abgründige Tiefe und seine strahlendste Macht offenbart, wo es erkannt wird als das Leben des dreifaltigen Gottes: des Vaters, des Sohnes und des Heiligen Geistes. Wer das unsagbare Geheimnis in diese heiligen drei Namen fassen kann und weiß, was er da nennt, der ist dem wirklichen, lebendigen Gott begegnet.

Viele Namen, die wir Gott geben, und viele Gedanken, die wir uns von ihm machen, sind Menschennamen und Menschengedanken. Der Name des Vaters und des Sohnes und des Heiligen Geistes jedoch ist Mitteilung Gottes selbst, Erschließung seines Herzens an die, die er in sein Vertrauen ziehen will. Immer wenn wir diese drei heiligen Namen aussprechen, sind sie Anbetung, Lobpreis und Danksagung an den lebendigen Gott, der uns in sein Vertrauen gezogen hat, indem er uns an seinem innersten Leben teilnehmen läßt.

Franz Huber

Deine Liebe, VATER
soll uns erfüllen
Deine Liebe, SOHN
soll uns geleiten
Deine Liebe, HEILIGER GEIST
soll uns vollenden
Amen

Bruno Stephan Scherer

Gott ist Gemeinschaft

Gott ist nicht der große einsame Egoist im Himmel, sondern er ist in sich selber lebendiger Austausch und lebendige Gemeinschaft... Wohl deshalb sind die schönsten Namen für Gott allesamt Beziehungsnamen: Vater und Sohn und Heiliger Geist von beiden und aufeinanderhin. Ja, Gott ist in einem so radikalen Sinn ein Beziehungswesen, daß er nicht nur Beziehungen *hat,* sondern in sich selber Beziehung *ist*...

Der dreieinige Gott ist gerade deshalb der sich solidarisch um uns Menschen kümmernde Gott, weil er in sich selber solidarisch ist als dreieinige Gemeinschaft von Vater, Sohn und Geist. Der dreieinige Gott ist gerade deshalb der für uns Menschen sozial gesinnte und handelnde Gott, weil er in sich selber höchste Sozialität ist in der Hingabe des Vaters an den Sohn und des Sohnes an den Vater im Heiligen Geist. Und der dreieinige Gott ist gerade deshalb der schöpferische Grund allen menschlichen Lebens, weil er in sich selber überströmendes Leben ist in der gegenseitig fruchtbaren Beziehung zwischen Vater, Sohn und Geist.

Kurt Koch

Großer Gott,
wir dürfen DICH VATER nennen
weil Dein Sohn
Jesus Christus
unser Bruder
zum Bruder
aller Menschen geworden ist.

Schau auf Ihn
ER hat Deinen Willen erfüllt
bis zum bitteren Tod am Kreuz
Erbarme Dich unser
um seinetwillen.

Sieh, wir legen unser Leid
unseren Kummer
das Schwere und Unverstandene
des Lebens auf Erden
zu seinem Opfer am Kreuz

Bruno Stephan Scherer

Gottes dreifaltige Liebe

Es ist nur ein Gott. Aber der Eine lebt in geheimnisvoller Weise; so, daß aus einem Leben gleichsam drei Angesichter herblicken ... daß ein herrliches und unendliches Leben Dreien gemeinsam ist und sie doch nur eines sind ...

Dieser Gott nun ist's, der den Menschen liebt. So liegt das Geheimnis seines dreieinigen Lebens auch in seiner Liebe. Mit dreieiniger Liebe liebt er uns ...

Eine dreifaltige Liebe richtet sich auf uns – hohes, schönes Geheimnis!

Wir wollen uns auf diese Liebe Gottes verlassen; uns an sie halten; uns in ihre Hut geben.

Romano Guardini

Ich glaube, o Gott, an Dein dreieiniges Leben. Um Deinetwillen glaube ich daran, denn dieses Geheimnis hütet Deine Wahrheit. Sobald es preisgegeben wird, zerrinnt Dein Bild in die Welt.

Aber auch um unseretwegen glaube ich daran, o Gott, denn der Friede Deines ewigen Lebens soll unsere Heimat werden. Deine Kinder sind wir, o Vater; Deine Brüder und Schwestern, Sohn Gottes, Jesus Christus; und Du, Heiliger Geist, bist unser Freund und Lehrer.

Das ist jenes ewige Leben, das uns verheißen ist. Zu ihm geht unsere Hoffnung. Bewahre mich davor, o Gott, daß Dein Licht, welches so fern und doch so heilig herüberleuchtet, mir je erlösche. Amen.

 Romano Guardini

Abba – Vater

Diesem Gott, der «die Toten lebendig macht« (Röm 4,17), hat Jesus auch einen einzigartigen Namen gegeben, den bis jetzt noch kein Mensch Gott zu geben wagte: den Namen «Abba». «Abba», wie kleine Kinder ihren lieben Vater als Kosenamen riefen.

Und nun das für uns Unerhörte: Auch wir dürfen Gott mit diesem Namen anreden: «Abba». Wir dürfen ihn so anreden, auch wenn wir in Sünde und Schuld gefallen sind, wenn wir uns von ihm abgewandt haben, von ihm abgefallen sind . . .

Und für uns alle gilt: Gott macht auch bei uns den ersten Schritt: er verzeiht . . . Und dieses Verzeihen Gottes wirkt in uns das Wunder, daß wir in der Kraft dieses Geschenkes der Verzeihung umkehren können und Gott nun aus ehrlichem Herzen anreden können: Abba, lieber Vater!

Anselm Bütler

Ich machte mich auf den Weg zu dir,
doch schon sah ich,
du kamst mir entgegen.
Ich wollte dir sagen: «Ich liebe dich»,
doch schon hörte ich dich flüstern:
«Du bist mir lieb.»
Ich wollte dich um Vergebung bitten,
doch ich erfuhr,

du hattest mir längst vergeben.
Ich wollte dich «Vater» nennen,
doch ich hörte dich rufen: «Mein Kind!»
Ich verlangte danach, in dir zu leben,
doch ich entdeckte, du lebtest in mir.
Mein Gott, ich werde nie der erste sein.
Liegt darin mein Glück verborgen?
Du kommst mir immer zuvor,
um mir nachzugehen.

Verfasser unbekannt

Mit Christus zum Vater

Erst durch Christus kommen wir zum Vater. Wenn wir richtig von Gott dem Vater sprechen wollen, müssen wir eigentlich hinzufügen: Ich meine Jenen, den Christus meint, wenn er «mein Vater» sagt. Also nicht die unbestimmte, waltende Göttlichkeit, die man manchmal im Himmelsraum oder im Weltgeschehen fühlt, sondern jenes heilige Antlitz, das sich zum erstenmal in den Worten Christi enthüllt und immer nur offen bleibt, solange der Mensch glaubend an diesen Worten festhält. Jenes Antlitz, von dem Christus gesagt hat: «Wer mich sieht, der sieht den Vater.» Jenes Walten, jenen heiligen Willen, jene ewige Heimat, die um Christus herum fühlbar wird und verschwindet, sobald man ihn losläßt.

Wenn wir «zum Vater gehen», müssen wir es mit Christus zusammen tun: aus Christi Worten heraus ihn anreden; aus seiner Herzensgesinnung ihn suchen und meinen.

Romano Guardini

Herr, unser Gott, laß Deinen Geist
in unsere Herzen und auf unsere Lippen
das Wort legen, das alles sagt.
Laß Deinen Geist uns dazu bringen zu sagen:
«Vater unser».
Aus diesem Wort allein schöpfen wir unsere
Kraft.
Mit diesem Wort rufen wir zu Dir,
mit diesem Wort drücken wir unsere Freude aus.
Wir tun dies zusammen mit dem,
der Dich auch so nennt,
Jesus, Dein Sohn, der Herr,
der mit Dir und dem Geist
in der Liebe lebt von Ewigkeit zu Ewigkeit.

Kurt Koch

Gottes Mutterschaft

Wir sind aus Gott geboren. Nicht so freilich, als ob wir nachher ferner von ihm wären, wie es bei Menschen ist. Es wäre fast richtiger, zu sagen: Wir sind in Gott hineingeboren. Von da an erst leben wir im Schoß Gottes, inniger von ihm getragen und genährt, angeschaut und geliebt als je ein Kind in seiner Mutter Schoß. Und es ist gut, daran zu erinnern, daß wir der ganzen Fülle Gottes nur gerecht werden, wenn wir eingedenk bleiben, daß unser Begriff der Vaterschaft nicht alle Tiefen der göttlichen Liebe auszudrücken vermag, sondern in manchen Zügen vom Begriff der Mutterschaft übertroffen wird. Alle irdischen Namen sind nur Gleichnisse, und alle irdischen Gefäße reichen nicht hin, die göttliche Fülle und Tiefe zu erfassen.

Eugen Walter

Liebreicher Gott, du gütigste Mutter,
die mich allüberall, wohin ich gehen mag,
im Innern trägt:
gib mir, daß auch ich
dich immer im Innern trage
durch die Erkenntnis und Liebe ...
Ich bin in deiner Güte,
wandle mich in sie um.
Ich lebe in deiner Liebe,
entflamme mich mit dir ...
Und weil ich ganz in dir bin,
so gestalte mich ganz in dich um ...

Ludwig de Ponte

«Dein Name werde geheiligt!»

Ein Mensch, dessen Name uns etwas bedeutet, läßt uns nicht gleichgültig. Denn der Name steht für die Person. Deshalb können Liebende zueinander sagen: Es gibt keinen schöneren Namen als den deinen. Du stehst mir von allen Menschen am nächsten ... Solche Bekenntnisse können nicht folgenlos bleiben; der Name des andern wird gewissermaßen zu einem «Tätigkeitswort».

Ganz gleich verhält es sich mit Gott. Gott muß ein «Tätigkeitswort» werden, sagt Kurt Marti. Was Gottes Name wirklich für uns bedeutet, erweist sich erst an unserem Handeln. Nur in dem Maße, als unser Glaube an Gott unser praktisches Tun beeinflußt, ist es uns tatsächlich ernst mit der Heiligung des Gottesnamens.

«Vater, dein Name werde geheiligt!» Hilf uns, daß wir diesen Namen hochhalten, ihn nie vergessen, weil wir sonst zu Waisen werden. Laß uns begreifen, wie arm unser Leben wird, wenn wir dich daraus verdrängen, deinen Namen vergessen.

Josef Imbach

«Der Gott und Vater Jesu Christi»

Gott, der lebendige Vater, steht nicht auf dem Markt, so daß jeder Ihn sichten und fassen könnte. Er ist nicht einfachhin verfügbar, weder für das religiöse Bedürfnis noch das selbstherrliche Denken. Sondern Er ist der verborgene Gott; und Christus hat ausdrücklich gesagt: «Niemand kommt zum Vater, es sei denn durch Mich» (Joh 14,6). Zum Vater kommen wir nur durch Jenen, den der gleiche Vater uns gesandt hat: indem wir mit Ihm leben; Er in uns eingeht und wir in Ihn; Er uns Licht wird und Kraft und Speise. Er ist der Weg ...

Auf die Frage nach dem wirklichen Gott antwortet Paulus, Er sei «der Gott und Vater Jesu Christi» (Röm 15,6). Keine vom freien Erleben und Erdenken erreichbare Göttlichkeit, sondern Jener, den Jesus meint, wenn Er sagt: «Mein Vater.» Dieser, und nur Dieser. «Wer Mich sieht, sieht den Vater», hat Christus gesagt. Er ist Epiphanie des Vaters und gibt das Auge, den Vater zu schauen (Joh 14,9). Alles andere führt in die Irre.

Romano Guardini

Du himmlisches Licht,
aufgegangen in der Sternstunde der Menschheit,
in der Geburtsstunde Jesu.

Du wunderbares Licht,
über und zu uns gekommen,
um in uns und mit uns zu leben.

Du tröstliches Licht,
uns hilfreich und verbunden,
schenkst Du Wärme und Nähe für jeden Tag.

Paul Weismantel

«Damit ihr das Leben habt in seinem Namen»

Jesus Christus (11.–21. Mai)

Das letzte Wort

Jetzt komme ich auf das, wo ich eigentlich daheim bin – oder ich möchte jetzt sagen: auf den, bei dem ich eigentlich daheim bin.

Gnade ist auch nur ein vorläufiges Wort. Das letzte Wort, das ich als Theologe und auch als Politiker zu sagen habe, ist nicht ein Begriff wie «Gnade», sondern ist ein Name: Jesus Christus. Er ist die Gnade und er ist das Letzte jenseits von Welt und Kirche und auch von Theologie. Wir können ihn nicht «einfangen». Aber wir haben es mit ihm zu tun. Um was ich mich in meinem langen Leben bemüht habe, war in zunehmendem Maße, diesen Namen hervorzuheben und zu sagen: dort! ...

Es ist in keinem Namen Heil als in diesem Namen. Dort ist denn auch die Gnade. Dort ist auch der Antrieb zur Arbeit, zum Kampf, auch der Antrieb zu Gemeinschaft, zum Mitmenschen. Dort ist alles, was ich in meinem Leben in Schwachheit und Torheit probiert habe. Aber dort ist's.

Karl Barth

Du allein bist der Heilige,
Du allein der Herr,
Du allein der Höchste,
Jesus Christus,
mit dem Heiligen Geist,
zur Ehre Gottes des Vaters.

Schluß des Glorias der Messe

Christus ist das Wesentliche

Christus, seine Person, seine Gestalt, ist das Wesen des Christentums. Nicht eine Lehre und ein System und noch weniger eine Institution stehen im Mittelpunkt des Christlichen. Nein! Das Christliche am Christentum und demgemäß auch am Christen ist Christus selber (Augustinus). Diese Ausrichtung auf Christus, dieser personale Glaube als Begegnung, mit ihm, im Wort, im Sakrament und im Bruder, das ist christlicher Existenzialismus.

Spüren wir, wie lebendig damit alles wird? Aber auch wie verbindlich, wie angagiert? Einer Lehre kann ich mehr oder weniger schmerzlos aus dem Wege gehen, Dogmen tun im allgemeinen nicht weh, und kanonische Regeln und Sätze noch weniger. Was aber, wenn es um das Geheimnis des verwundbaren Herzens Gottes geht, jenes Gottes, dem sie am Kreuz die Seite geöffnet haben und der im Ölgarten Blut geschwitzt, auf dem Berg Tränen geweint hat?

Das genau ist der entscheidende Punkt, jene Wahrheit, jene personale Gestalt gewordene Wahrheit, um die es geht und die über Leben und Tod entscheidet.

Josef Bommer

Sohn des Vaters,
Christus, der in uns lebt,
Du bist die Hoffnung unserer Herrlichkeit.
Lebe Du in uns,
unterwirf unser Leben den Gesetzen Deines Lebens,
mach unser Leben Deinem Leben gleich.
Lebe Du in mir,
bete Du in mir,
leide Du in mir,
mehr verlange ich nicht.
Denn wenn ich Dich habe, bin ich reich;
wer Dich gefunden hat, hat die Kraft und den Sieg
seines Lebens gefunden. Amen.

Karl Rahner

Was ist in meinem Leben mein «Gott»?

Jesus Christus zu unserem «Brotkönig» zu machen, darin liegt auch die Grundversuchung von uns Christen heute. Dies ist immer dann der Fall, wenn wir Jesus Christus den ersten Platz in unserem Leben streitig machen. Denn ganz offenbar ist dasjenige in meinem Leben mein «Gott», auf das ich alles setze, auf das ich letztgültig vertraue, und von dem ich die Sinnerfüllung meines Lebens erhoffe ...

«Gott» – dies kann meine berufliche Karriere sein, wenn ich auf sie alles setze und dabei mein Familienleben kaputt gehen und Freundschaften zerbrechen lasse ... Mein «Gott» kann aber auch Leistung heißen, wenn ich mein Leben allein durch sie rechtfertige und dabei alle anderen Menschen über meine Leisten schlage. Oder mein «Gott» kann auch Prestige heißen, wenn ich den Sinn meines Lebens allein von ihm erwarte und dabei andere Menschen in knechtender Ohnmacht gefangen halte ...

Dort, wo Gott die Ehre gegeben wird – und nur dort – ist auch für den Menschen bestens gesorgt.

Kurt Koch

Herr Jesus Christus,
hole uns herbei, daß wir dir folgen ...
Du bist der Weg, die Wahrheit und das Leben.
Nimm uns auf als der Weg!
Kräftige uns als die Wahrheit!
Belebe uns als das Leben!

Ambrosius von Mailand (†397)

Gott begegnen wir in Jesus

Wer Gott sehen will, wie er ist; wer sich nicht mit dem zufrieden gibt, was Menschen über ihn denken; wer vielmehr erfassen möchte, was Gott selbst über sich wissen läßt, blicke auf Jesus. In Jesu Güte und Strenge, Heiligkeit und Demut, Menschlichkeit und Erhabenheit schaut er Gott. Wer Gott begegnen will, komme zu Jesus.

Wer Gott in Jesus begegnet, erfährt, daß er seinen Geschöpfen Vater ist; daß er mit warmem Blick einen jeden erwartet; daß ihm jedes Leid und alles Elend der Geschöpfe zu Herzen geht; daß er denen, die ihn lieben, unendlich Großes bereithält.

Gott ist ein Gott, der keinen, der zu ihm aufblickt, in die Finsternis verstößt, sondern der in den Herzen der Menschen Licht aufstrahlen läßt, damit die Erkenntnis seiner Herrlichkeit und Liebe aufgehe im Antlitz Jesu Christi (2 Kor 4,6).

Ernst Christoph Suttner

Wir danken, heiliger Vater, für deinen heiligen Namen,
dem du ein Zelt bereitet hast in unseren Herzen,
und für die Erkenntnis, den Glauben und die Unsterblichkeit,
die du uns kundgetan hast durch Jesus, deinen Knecht.
Dir die Ehre in Ewigkeit!

Zwölfapostellehre (Ende des 1. Jh.)

Der letzte Schritt

Auf mich blickt Christus. Mit seinem Angesicht, mit seinem Tun, mit seinem Wort kommt er auf mich zu. Damit ist es aber noch nicht zu Ende! Soll es dabei bleiben, daß das Wort dastehe, hergesprochen zu mir, und nicht in mich hineingelange? Daß Christus dastehe, herblicke, anklopfe, und nicht bei mir eintrete?

Es kann sein, daß es so bleibt. Alles nur «vor mir», und dann nicht weiter. Aber das heißt nicht

Christ sein. Christ werden bedeutet, daß der letzte Schritt geschehe. Daß Gott den letzten Schritt tue, in mich hinein. Daß er in meinem Geiste, in meinem Herzen, in meinem aufgeschlossenen Sinn anlange. Daß Christus in mich eingehe, und ich seiner, meines Erlösers innewerde.

Romano Guardini

Herr, laß nicht zu, daß Du gekommen seiest, den unendlichen Weg, aus dem Abgrunde Deiner Unzugänglichkeit, durch die Schöpfung und durch die heilige Geschichte her, auf mich zu, noch einen Schritt nur bis zu mir – und dieser letzte Schritt nicht geschehe! Was hülfe es mir, daß Du Dich aufgemacht hättest, wenn Du nicht anlangtest? Um Deiner Liebe willen, laß mein Leben nicht zu Ende gehen, bevor das geschieht!

Romano Guardini

Bartimäus schreit

Bartimäus, ein blinder Bettler, schrie laut:
«Jesus, hab Erbarmen mit mir!»
Bartimäus schreit zu Jemandem ... Und dieser

Jemand ist Jesus, der an ihm vorübergeht und dem er alles zutraut. Bartimäus spürt, daß dieser Jesus ihm Heil und Rettung zuteil werden lassen kann...

Darin ist Bartimäus eine ungeheure Herausforderung für uns: Können auch wir so uneingeschränkt uns diesem Jesus Christus anvertrauen, unser Leben in seine Hand legen und gleichsam alles auf diese eine Karte setzen? Oder liegen die Armut und die Leere unseres Glaubens und die Erfahrung der Abwesenheit Gottes in unserem Leben nicht oft gerade darin, daß wir eigentlich von diesem Jesus Christus gar nicht viel erwarten, daß wir ihm im Tiefsten gar nicht zutrauen, daß er auch unserem Leben letzten Sinn geben und so unser Leben verwandeln könnte? Denn von einem Menschen, von dessen Wort und Tat ich nicht viel erwarte, kann ich eben nur sehr schwer beschenkt werden. Nur wo ich mich ihm öffne und ausliefere, nur da kann er auch seinerseits sich mir schenken.

Kurt Koch

Mein Herr Jesus Christus,
ich bitte dich, mich zu erleuchten
und die Finsternis meiner Seele zu zerstreuen.
Gib mir einen festen Glauben,
eine starke Hoffnung,

eine vollkommene Liebe.
Vergönne mir, dich so gut zu kennen,
daß ich in allem nach deiner Weisung
und in Übereinstimmung mit deinem
heiligen Willen handle.

Franz von Assisi

«Ich kenne ihn nicht»

Wie kann es geschehen, daß ein Mensch, der einst ausrief: «Du bist Christus!», nun beteuert: «Ich kenne ihn nicht»? Und doch: Gibt es ein anschaulicheres Bild von der Passion des Christentums unter uns Gläubigen? Dort mein Herz, das an Christus hängt und ihm Liebe gelobt – hier mein schwaches Wollen, das im entscheidenden Augenblick kläglich versagt, weil Angst aufs neue von mir Besitz ergreift.

So ist jeder von uns schuldig am Tod des Herrn, gestern und heute wieder, und morgen werden die Anfechtungen noch wachsen ... In meiner Arbeit, meinen Entschlüssen, in meinem widerwilligen Gehorsam und meinem kalten Befehl, in meiner verdorrten Liebe zum Heim, in der mangelnden Zeit für Frau und Mann, Kinder und Eltern, in der inneren Unruhe, die das Rad des Werktags treibt, und im schalen, unerfüllten Sonntag – überall: «Ich kenne ihn nicht!»

Deshalb können wir immer neu darum bitten, daß uns die Kraft zuströmt, an der Seite des Herrn zu bleiben selbst in den schwersten Stunden.

Peter Heimann

Herr, unser Gott, vergib uns nicht nur unsere Schuld, sondern schenke uns auch die Kraft, sie zu überwinden, an Jesu Seite vor dem Gericht der Welt zu stehen und, wenn es sein muß, sein Kreuz mitzutragen – bis an die Stätte des Todes, die durch das göttliche Opfer für uns zur Stätte des Lebens verwandelt wird.

Peter Heimann

Die größte aller Gnaden

Es ist die größte von allen Gnaden, den Herrn mit ganz erfaßtem Herzen zu lieben. Nicht nur «den Erlöser» oder «den lieben Heiland», nach dem unpersönlichen Sinn, den dieses Wort oft hat, sondern Ihn selbst, lebendig und leibhaftig; so wie man einen Menschen liebt, den es nur einmal gibt und mit dem man durch Glück und Leid verbunden ist. Daß dieser Eine zugleich der Sohn des lebendigen Gottes ist, der ewige Logos, durch den alles geschaffen wurde, und unser aller Erlöser, ist ja dann die unsägliche und alles übersteigende Gnade.

Wer ihn so liebte, würde die Berichte von seinem Leben durchforschen, wie Nachrichten, die vom liebsten Freunde Kunde geben. Jedes Wort würde ihn angehen ...

Wir dürfen gewiß nicht beanspruchen, solche Liebe zu haben, aber wir rechnen uns doch zu Ihm und hoffen auf einen Funken aus jener Gnade.

Romano Guardini

Herr Jesus Christus, Sohn des lebendigen Gottes,
Wort aller Wahrheit,
Du bist der Menschensohn, der Bruder von uns allen,
das Brot des Lebens, das unter uns gegenwärtig ist,
Anfang und Ende unserer Wege ...
Laß es mich nicht nur klarer erkennen, sondern auch inniger verspüren, daß Du allein bist der Gott meines Herzens und mein Anteil in Ewigkeit.

Daß Du da bist, Du in diesem Erdenadvent scheinbar verborgener, hilfloser, vergessener und überhörter König der ganzen Welt.

Zeig Dich mir, in der heimlichen Allgewalt Deiner Gnade ...

Hugo Rahner

Christus in uns hinabsteigen lassen

Es gibt im Menschen etwas Allerinnerstes, wodurch er die Welt der Dinge und der gesellschaftlichen Organisation übersteigt. Es ist jene Tiefe, die er wiederfindet, wenn er in sich selbst einkehrt. Dort erwartet ihn der Gott, der die Herzen erforscht. Dort spielt sich unter dem Auge Gottes sein eigenes Geschick ab: er ist dann nicht das Spielzeug einer eingebildeten Welt, sondern er erreicht den Urgrund der Wirklichkeit selbst. Was würde es schließlich dem Menschen nützen, wenn er sich die ganze Welt unterwürfe, sich selbst aber verlöre?

Wir sollen Christus in die letzten Tiefen unseres Selbst hinabsteigen lassen, in jene Bereiche unserer Person, die noch nicht von ihm bewohnt sind und die nicht willig oder die außerstande sind, Christus anzugehören. Er wird die Regionen des Verstandes und des Gemüts durchdringen, er wird unsern Leib treffen bis ins Herz, so daß auch wir eines Tages erbarmungsvolle Herzen haben werden.

Frère Roger, Taizé

Jesus Christus, lebe Du in mir!
Werde Du zum Geist meines Geistes,
zur Seele meiner Seele,
zum Herz meines Herzens,
zum Leben meines Lebens.

Denke Du in mir,
bete Du in mir,
liebe Du in mir,
leide Du in mir!

Blicke Du aus mir,
rede Du aus mir,
handle Du aus mir,
wirke Du aus mir!

Durchwandle Du mit meinen Füßen weiterhin die Erde, um im Heiligen Geist sie zu verwandeln und heimzuholen zum Vater, auf daß Gott alles in allem sei.
Amen.

August Berz

Freundschaft mit Christus

Was ist das: Freundschaft mit Christus? Was heißt das, Jesus Christus lieben?

Alfred Delp hat auch mit dieser Frage nach der Freundschaft mit Christus gerungen. In einer Notiz bemerkt er: «Christus hat persönliche Beziehungen zu mir und persönliches Interesse an mir. Ich muß diesen Gedanken in meinem Leben mehr zur Geltung bringen. Ein persönliches Verhältnis zu Christus haben. Er ist nicht der unsichtbare Befehlshaber, sondern der Freund, der Kamerad, der Bruder ... Christus gern haben und vertrauen, daß er mich gern hat. Und diese Kräfte in meine Seele einströmen lassen.»

Freundschaft mit Christus – gewiß kann sie nur gewährt werden, wie es bei jeder Freundschaft ist. Vielleicht erwächst sie bei uns aus der tiefen Überzeugung: Er ist der Einzige! ... Indem ich anfange – es ist immer nur wieder ein Anfangen –, das zu leben, was Er im Evangelium sagt, kann solche «Freundschaft» wachsen. Sie wird genährt von seinem Wort im Evangelium und vom Du-Gebet zu Ihm.

Johannes Bours

Herr Jesus Christus, damit wir dich um alles bitten können, bitten wir dich zuerst nur um eines: Hilf uns, daß wir dich lieben, vermehre die Liebe, entflamme sie, läutere sie ...

Sören Kierkegaard

Jesus wird sich zu mir bekennen

Wenn ich vor Gottes Gericht komme – ich werde nicht allein dastehen. Wenn ich mich in meinem Leben zu Jesus Christus bekannt habe, wird er selber zu mir stehen: vor Gott! Er wird mein Zeuge und mein «Fürsprecher beim Vater» (1 Joh 2,1) sein. Und wenn ich als Sünder dastehe? Auch als ein Sünder kann ich mich in Reue und Vertrauen an Jesus Christus halten: «Wenn aber einer sündigt, haben wir einen Fürsprecher (= Paraklet/advocatus/Beistand) beim Vater: Jesus Christus, den Gerechten. Er ist die Sühne für unsere Sünden» (1 Joh 2,1). So wie wir es im Lied singen: «Nur einer gibt Geleite, das ist der Herre Christ; er wandert treu zur Seite, wenn alles uns vergißt» (Gotteslob 656,3). Das gilt bis zuletzt!

Wenn auch nur etwas in meinem Leben war, worin ich mich zu Jesus bekannt habe, dann darf ich hoffen, daß er sich zu mir bekennen wird «vor meinem Vater und seinen Engeln» (Offb 3,5); denn er ist die Sühne auch für *meine* Sünden!

Johannes Bours

Jesus,
an Dich glaub' ich, bis ich Dich sehe.
Auf Dich hoff' ich, bis ich daheim bei Dir bin.
Dich liebe ich, bis ich Dein Angesicht schaue und im Schauen Dich ewig liebe.

 Johann Michael Sailer

«Der Geist des Herrn erfüllt den Erdkreis»

Das Wirken des Geistes (22.–31. Mai)

Das schöpferische und befreiende Wir

Der dreieinige Gott ist so sehr volles Leben, daß seine Liebe überströmen will über das innergöttliche Leben hinaus in die Welt hinein, zu unserer Erlösung, in der sich die dreieinige Liebe Gottes vollenden will . . .

Dies ist das vornehmliche Werk des Heiligen Geistes. Als das lebendige Wir zwischen Vater und Sohn wird er auch zum schöpferischen Wir zwischen dem dreieinigen Gott und uns Menschen und schließlich zum befreienden Wir zwischen uns Menschen – damit auch unsere menschlichen Beziehungen besser gelingen, damit auch unsere zwischenmenschlichen Beziehungen erfüllter werden, damit auch auf uns Menschen gegenseitig mehr Verlaß sein und damit sich trennender Egoismus in treuen Frieden verwandeln kann. Überall dort jedenfalls, wo nicht mehr Egoismus zu Trennung und Abwendung führt, sondern wo Treue zu Leben in Frieden führt, ist der Heilige Geist am Werk, der die göttliche Dreieinigkeit auf unsere Erde und unter die Menschen bringt.

Kurt Koch

Komm Schöpfer, Heiliger Geist!
Durch dich wird die Welt geschaffen.
Schaffe weiter an ihr.
Die Welt, die deine schaffende Kraft braucht,
ist unser Herz.
Schaffe neu, was du gebildet hast.
Verbinde, was zerfällt.
Wecke, was unfruchtbar ist.
Verjünge, was alt ist.
Gib uns Augen, das Licht zu sehen,
das geschaffene und das ungeschaffene.
Gib uns Kraft, Frucht zu bringen
und uns zu freuen mit Leib und Seele . . .
Komm Gott Schöpfer, Heiliger Geist!

Jörg Zink

Spuren des Geistes

Gott als reiner Überfluß, als Überströmen von Liebe und Gnade: das äußert sich bereits in der Schöpfung. Deshalb ist für den gläubigen Menschen nichts einfachhin eine Selbstverständlichkeit; für ihn ist alles Gabe und Geschenk Gottes. Er kann auch in den unscheinbarsten und alltäglichsten Dingen, Begebenheiten und Begegnungen Gottes Liebe und Spuren seines Geistes erfahren . . .

In besonderer Weise dürfen wir dort Spuren des Geistes erkennen, wo Menschen aus dem Gefängnis ihres Egoismus ausbrechen, in Liebe zueinander finden, einander vergeben und verzeihen, einander Gutes tun und helfen, ohne Gegenleistung zu erwarten oder gar zu fordern. Nur in solcher sich selbst überschreitender und sich selbst hingebender Liebe und nicht in egoistischer Selbstverkrampfung und verkrampfter Selbstverwirklichung findet der Mensch zu sich und seiner Erfüllung. Nicht das Haben und Besitzen, sondern das Geben, Schenken und Teilen ist die Sinnerfüllung des Menschen. Wo diese geschieht, wird schon im Heute etwas vorweggenommen von der endgültigen Vollendung und Verklärung der Welt.

Walter Kasper

Vater und Schöpfer der Liebe, der Du zusammen mit Deinem Sohne in unzugänglichem Licht in unsern Herzen wohnst, sende die sieben Gaben des Heiligen Geistes in unsere Seelen. Reinige unsern Geist nicht nur von Sünden, sondern von aller Eitelkeit irdischer Weisheit, und mache uns in Einfalt und Wahrheit zu gefügigen Werkzeugen Deines allheiligen Willens, damit der Glanz Jesu, Deines Sohnes, in unserem Leben aufleuchte und Dir die Ehre gebe.

Thomas Merton

Geist-liches Leben

Gott als Geist ist die wunderbare Tiefe des Lebens, aus der alles Leben hervorgeht, in dessen Kraft alles Leben besteht und in dessen Macht alles Leben erneuert wird . . .

Unser Bekenntnis zum Heiligen Geist vermag deshalb unser Leben zu erfüllen mit jener Grundgestimmtheit von Dankbarkeit, die unser Leben eigentlich erst so recht lebenswert macht. Im Lichte und in der Kraft des Gottesgeistes ist menschliches Leben Geschenk, und zwar so sehr, daß auch und gerade unser Beten selbst nicht unsere Leistung, sondern nochmals Geschenk ist. Es ist der Geist Gottes selber, der unser Leben immer wieder ins Wort des dankenden Gebetes bringen will und uns «Abba, Vater» rufen lehrt (Röm 8,15). Gerade das Gebet ist nach dem Zeugnis des Neuen Testamentes eine besondere Gabe des Gottesgeistes, denn Beten ist zunächst eine Lebenshaltung: ein radikales Sich-Öffnen für Gott und ein elementares Sich-Verlassen auf Gott. Das Gebet macht ernst mit dem urchristlichen Bekenntnis: «Ich bin gewirkt, darum wirke ich!» (Franz von Baader).

Kurt Koch

Du, näher mir
als ich mir selbst
und innerlicher
als mein Innerstes –
und doch ungreifbar
und unfaßbar
und jeden Namen sprengend:
Heiliger Geist – Ewige Liebe.

Edith Stein

Unter dem Antrieb des Geistes

Der Geist ist vor allem im normalen und alltäglichen Leben des Christen am Werk. Daß man ihn besitzt, wird sichtbar im täglich neu beginnenden Mühen um «Liebe, Freude, Friede, Langmut, Freundlichkeit, Güte, Treue, Sanftmut und Enthaltsamkeit» (Gal 5,22-23).

Wir kennen sie genau, die leisen Anregungen, die so leicht zu unterdrücken sind, die uns dennoch verfolgen und nicht loslassen: den Anruf, zu verzeihen, obwohl wir im Recht zu sein scheinen, freundlich zu sein, obwohl uns ganz anders zumute ist, fair und gerecht zu sein in unserem Urteil über die anderen; die Forderung täglich treuer Mitarbeit, besonders wenn sie mühsam wird und der Einsatz nicht mit spektakulären Erfolgen belohnt wird; der aufreibende Dienst, oft ohne jeden Dank; die Mahnung, trotz unserem Versagen immer wieder neu zu beginnen, der Zuspruch, uns selbst anzunehmen mit den Eigenarten und Mängeln, die uns belasten.

Unter dem Antrieb des Geistes erfahren wir immer neue Freude und finden wir das wirkliche Leben.

Karl-Heinz Crumbach

In all meinen Bedenken
vor neuen Problemen und Schwierigkeiten,
in all meinen Ängsten und Nöten
vor meinem Versagen und Überfordertsein
bist plötzlich Du wieder da,
Heiliger Geist,
einfach da,
und heißest mich,
als wäre gar nichts geschehen,
neu zu leben
mit Deiner Stärke und aus Deiner Stärke.

Richard Thalmann

Wo ist denn in uns der Geist?

Nur wer kirchlich *und* selbständig, demütig *und* wagemutig, gehorsam *und* um eigene Verantwortung wissend, ein Beter *und* ein Täter ist, der Vergangenheit *und* der Zukunft der Kirche verbunden ist, nur der schafft Raum, daß Gottes stürmender Pfingstgeist, der ewig alte und ewig junge, in ihm wirkt, das Angesicht seiner eigenen Seele erneuert, sich seiner bedient, um auch die Erde zu wandeln . . .

Unsere Aufgabe ist es, unsere Schwachheit als Zeichen seiner vollendeten Kraft zu betrachten, gegen alle Hoffnung in Hoffnung zu leben. Wer so Gott die Ehre läßt und sie nicht als seine eigene besitzen will, wer ihm sich anvertraut, glaubend, ohne zu sehen, in dem lebt und wirkt der Geist. Von außen betrachtet ist dann alles Alltäglichkeit, Nüchternheit, stille Pflichterfüllung, geduldiges Warten, mühsames Kämpfen in viel Anfechtung, von innen gesehen aber eine nüchtern-klare Berauschung des Geistes.

Karl Rahner

Heiliger Geist,
Gefahren begegnen mir.
Böses droht mir.
Versuchungen locken mich.
Mit aller Kraft stärke mich!
Erfülle mich mit großem Willen!
Laß mich tapfer sein!
Ich bitte Dich um Deinen Gnadenstrom.

Paul Hug

Der Geist der Freiheit

Der Geist Gottes und Jesu Christi ist wesentlich ein Geist der Freiheit: letztlich die Freiheit von Schuld, Gesetz, Tod; Freiheit und Mut zum Handeln, zur Liebe, zum Leben in Friede, Gerechtigkeit, Freude, Hoffnung und Dankbarkeit ... Die Freiheit der Söhne und Töchter Gottes wurde seit den Zeiten des Paulus bis auf den heutigen Tag immer wieder ganz praktisch bezeugt, erfahren, gelebt ... Trotz aller Mängel und allen Versagens der Kirche haben ungezählte Glaubende von der apostolischen Zeit bis heute diese Freiheit immer wieder in Glauben und Gehorsam ergriffen, in Liebe und Freude gelebt, in Hoffnung und Geduld erlitten, erkämpft, erwartet. In dieser Freiheit haben ungezählte Unbekannte in ihren großen und kleinen Entscheidungen, Ängsten, Gefahren, Ahnungen und Erwartungen immer wieder neu Mut, Halt, Kraft und Trost gefunden. So weist denn der Geist der Freiheit als Geist der Zukunft die Menschen nach vorne: nicht ins Jenseits der Vertröstung, sondern in die Gegenwart der Bewährung mitten im weltlichen Alltag bis zur Vollendung ...

Hans Küng

Gib uns, Herr, deinen Geist, die Früchte des Geistes, die nach dem Apostel sind: Liebe, Freude, Friede, Geduld, Milde, Güte, Vertrauen, Sanftmut, Bescheidenheit, Enthaltsamkeit (Gal 5,22).

Haben wir diesen Geist und seine Früchte, dann sind wir nicht mehr Knechte des Gesetzes, sondern freie Kinder Gottes.

Dann ruft der Geist in uns: Abba, lieber Vater.

Karl Rahner

Zwei persönliche Überlegungen

a) Wir begegnen in unserem Alltag nicht Knochen von Menschen. Wir begegnen ihrem Geist. Im Alltag gibt es so viele Geistbegegnungen. Das übersehen wir leicht. Darum die Frage: Welchen Geist strahlen Sie aus? Strahlen Sie Mut aus, Vertrauen, Liebe, Zufriedenheit, oder ist alles um Sie herum grau, mißmutig, nörgelnd? Baut Ihr Geist auf oder reißt er nieder?

b) Der Heilige Geist wirkt immer Neues. Es ist darum Zeichen großer Reife, wenn wir durch alle guten und negativen Erfahrungen unseres Lebens, die wir bei uns oder bei andern machen, die Hoffnung nicht verlieren auf ständigen Neubeginn, so lange wir leben.

Die Pfingstgnade ist die Kraft des Geistes, in der wir immer wieder neu anfangen können.

Kennen Sie das letzte Wort des heiligen Franz von Assisi vor seinem Tod, ein Wort voller Mut und Kraft, das wir uns immer wieder vorsagen sollten? «Meine Brüder, laßt uns endlich anfangen!»

Thomas Brändle

Durch Dich, Heiliger Geist,
  kann alles neu werden
Gib uns neue Gedanken
  und laß uns das Undenkbare denken
Gib uns neue Gefühle
  und laß uns das Unbegreifbare fühlen
Gib uns neue Taten
  und laß uns das Unmögliche tun
Gib uns ein neues Herz
  und laß uns dem Unfaßbaren Raum geben
Mach alles neu
Und laß uns Deine neue Welt sein hier auf Erden

Anton Rotzetter

Der Liebhaber des Friedens

Das vorzügliche Geschenk des Pfingstgeistes ... ist der Frieden. Der Heilige Geist ist der Liebhaber des Friedens. Er ist buchstäblich in den Frieden verliebt, und zwar deshalb, weil er ins Leben verliebt ist. Dieses ist geradezu der schönste Würdetitel, der ihm geziemt.

Gerade deshalb aber ist der Heilige Geist keineswegs harmlos, nicht der unbekannte Gott, allein Gegenstand weltferner Spekulationen – gut für die Theologen, aber nichts fürs Leben. Der Heilige Geist ist vielmehr in seinen Wirkungen zu erkennen, deren elementarste das Leben in Frieden ist. Deshalb ist er recht angriffig. Sein Wesen ist das Ent-setzen, wie es im gotischen Wortstamm «usgeisnan» anklingt, was «lebhaft bewegt sein», «außer sich sein» und «erschrecken» bedeutet. Und die schönste Wirkung des Heiligen Geistes ist die Be-Geist-erung für all das, was lebt und lebendig macht.

Der Heilige Geist ist der Ursprung, der Träger und Vollender allen Lebens. Er ist stets der lebenschöpferische Geist.

Kurt Koch

Herr, unser Gott, laß uns Dir danken
für Deinen Heiligen Geist –
für das Feuer, das er stets aufs neue entfacht –
für den Sturm, den er stets neu entfesselt –
in unserer Welt und in unserer Kirche.

Kurt Koch

Kraft von innen her

«Ich will euch erquicken»: das alte Herrenwort wird vom strömenden Geist Gottes eingelöst. Von innen her wird uns die Kraft und die geistige Sicherheit und Überlegenheit kommen. Wie oft habe ich dies erfahren in der Hetze und Gejagtheit dieser Monate, unter der Last der Übermacht: daß auf einmal die Frische und die Kraft von innen her aufgehen als morgendliche Sonne, und die Ruhe des gebändigten Sturmes und der gemeisterten Mühe die Landschaft der Seele erfüllt … Es muß diese innerste Nähe Gottes uns ergreifen und berühren, uns über unser enges Maß hinausbringen. Daß wir wieder fähig werden der echten Bejahung und Begegnung. Gott soll in uns und durch uns sich selbst bejahen, dann leben wir richtig. Und dann bleibt das Heilige Feuer das Herz der Erde oder wird es wieder.

 Alfred Delp (im Gestapo-Gefängnis)

Wenn uns die Kräfte verlassen
  Sei Du die Kraft, Heiliger Geist
Wenn uns Krankheit schwächt
  Sei Du die Heilung, Heiliger Geist
Wenn uns Fragen plagen
  Sei Du die Antwort, Heiliger Geist
Wenn uns Sorgen quälen
  Sei Du die Zuversicht, Heiliger Geist
Wenn alles hoffnungslos erscheint
  Sei Du ein neuer Anfang, Heiliger Geist
Wenn der Tod naht
  Sei Du das Leben, Heiliger Geist

Anton Rotzetter

So wirkt der Heilige Geist

Was die Seele dem Leib des Menschen ist, das ist der Heilige Geist in der ganzen Kirche: Der Heilige Geist tut in der ganzen Kirche, was die Seele in allen Gliedern des einen Leibes tut ...

Wenn ihr also vom Heiligen Geist leben wollt, so haltet die Liebe, liebet die Wahrheit, ersehnt die Einheit, damit ihr zur Ewigkeit gelangt!

Woran erkennt einer denn, daß er den Heiligen Geist empfangen hat? Er befrage sein Herz: Wenn er den Bruder liebt, bleibt der Geist Gottes in ihm. Er sehe und prüfe sich selber vor den

Augen Gottes. Er sehe, ob in ihm die Liebe zu Frieden und Einheit ist, die Liebe zu der über den ganzen Erdkreis verbreiteten Kirche. Er achte nicht darauf, nur den Bruder zu lieben, den er vor sich sieht; denn wir sehen viele unserer Brüder nicht und sind mit ihnen doch in der Einheit des Geistes verbunden. An *einem* Leib sind wir, *ein* Haupt haben wir im Himmel.

Augustinus

So wollen wir um den Heiligen Geist, um den guten Geist beten, den der Vater allen seinen Kindern gibt, die ihn darum bitten.

Wir wollen ihn in seiner Kirche suchen, wollen mit Maria, der Geistüberschatteten, und mit Petrus wie einst im Abendmahlsaal «einmütig im Gebet verharren.»

Wir wollen Gott bitten um ein demütiges und mutiges Herz, das aufnahmebereit ist für den Geist der Freiheit und der Liebe, um ein gläubiges Herz.

Karl Rahner

«Ich bin das Brot des Lebens»

Die Eucharistie (1.–10. Juni)

Das Herzgeheimnis der Kirche

Das Herzgeheimnis der Kirche ist die Eucharistie... Sie ist das Gedächtnis Jesu (Lk 22,19; 1 Kor 11,24), seiner Person und seiner Liebe, seines erlösten Lebens, Lehrens und Schicksals; und im gläubigen Gedenken ein geistiges Anteilhaben an Ihm.

Was aber ist gemeint, wenn es heißt: «Das ist mein Leib»? Die Heilige Schrift sagt: das «ist» mein Leib, und «ist» muß es bleiben.

Nehmen wir die Worte der synoptischen Evangelien mit dem zusammen, was Paulus im ersten Korintherbrief (11,23ff) sagt, und dem, was im sechsten Kapitel bei Johannes steht, so vernehmen wir die Verkündigung von etwas Unerhörtem: daß nämlich Christus in einer Weise, die alle natürlichen Gedanken, aber auch alles im Alten Testament Offenbarte übersteigt, sich selbst, sein lebendiges Sein dem Menschen gibt..., nicht nur einer spirituellen «Seele», sondern dem ganzen Menschen, der sich in der Auferstehung zu einem ewigen Leben vollenden soll.

Romano Guardini

Geheimnisvoll in Brot und Wein
gibts Du Dich hin mit Fleisch und Blut
und stärkst durch Deiner Gottheit Kraft
den ganzen Menschen, Leib und Geist...

Lamm Gottes, das der ganzen Welt
das Tor zum Leben aufgetan;
da uns des Bösen Macht bedrängt,
gib Mut zum Leiden, Kraft zum Sieg.

Hymnus der Laudes des Fronleichnamsfestes

Die Eucharistie als Liebe Christi

Die Stiftung der Eucharistie und Jesu Tod sind im Tiefsten eine einziges Geheimnis. Die Liebe, die Ihn getrieben hat, für uns in den Tod zu gehen, war es auch, die Ihn trieb, sich uns zur Speise zu schenken. Nicht nur Gaben uns zu geben, Worte, Weisungen, sondern sich selbst.

Vielleicht muß man die Frau fragen, die Mutter, die Liebende, um Jemand zu finden, der dies Verlangen begreift, nicht etwas zu geben, sondern sich. Sich, mit dem ganzen eigenen Sein. Nicht nur den Geist, nicht nur die Treue, sondern Leib und Seele, Fleisch und Blut und alles.

Das ist wohl die letzte Liebe, den andern nähren zu wollen mit dem, was man ist. Und dazu ist der Herr in den Tod gegangen, um in der Auferstehung einzutreten in jenen Zustand, in welchem Er sich allen geben wollte allezeit.

Romano Guardini

Herr Jesus Christus,
Du hast Dich uns ganz geschenkt, mit Leib und Seele, Fleisch und Blut, mit allem.
Ich bitte Dich:
laß mich immer mehr, immer tiefer
leben aus Deiner Hingabe an mich
und aus meiner Hingabe an Dich;
aus Deiner Liebe zu mir
und aus meiner Liebe zu Dir;
aus Deiner Gemeinschaft mit mir
und aus meiner Gemeinschaft mit Dir.

August Berz

Kein christliches Leben ohne das Brot des Lebens

Es ist die Eucharistie, in der wir Jesu Vermächtnis feiern: daß er selbst bleibend unter uns sein will als unser «Brot». In tiefster Weise spricht Jesus Christus hier unsere Sprache, er buchstabiert sein befreiendes Angebot in unserem urmenschlichen «Alphabet»: er schenkt uns seine Nähe im Zeichen des Brotes und seine Gegenwart in einem gemeinsamen Mahl. Er will uns auf ganz menschlichen Wegen begegnen, um uns Anteil zu geben an seiner Gemeinschaft, um uns Hoffnung zu schenken und um uns seine Liebe zu erweisen, die – nun wirklich, nicht nur sprichwörtlich – «durch den Magen geht» ...

Wie ich mir kein Frühstück ohne Brot vorstellen kann, genausowenig kann ich mir deshalb ein christliches Leben ohne das Brot des Lebens vorstellen, wie es uns in der Feier der Eucharistie gereicht wird. Denn die Feier der Eucharistie ist die Intensivstation unseres Glaubens, in welcher wir gesättigt werden mit dem Brot des Lebens, um danach um so mehr Brot werden zu können für andere Menschen.

Kurt Koch

Siehe, er reicht im Brot
Schwachen das eigen Fleisch,
gibt den Verzagten Kraft,
labt sie mit seinem Blut.
So gibt er selbst sich hin,
da er zu ihnen sagt:
«Trinket alle aus diesem Kelch.»

Heiland und Herr der Welt,
höre auf unser Flehn:
Bleibe nicht fern von uns,
sei uns im Brote nah,
führ uns auf deinem Weg
hin zu der Hoffnung Ziel,
wo uns selig dein Licht umfängt.
Amen.

Hymnus der ersten Vesper des Fronleichnamsfestes

Aus der Fülle leben

Die ganze Fülle des Lebens kann greifbar werden in der intensiven Kommunikation bei einem köstlichen Glas Wein. Der Himmel tut sich auf, wenn sich Menschen in die Arme nehmen. Das Ganze leuchtet auf im Fragment: in einer Schneeflocke, in einem Baum auf einem Hügel, in einer Raupe auf einem grünen Blatt, im Aufblitzen eines Glühwürmchens in der Nacht ... Ohne sichtbaren Sinn fließt das Leben über in vielen Schmetterlingsarten, im Antlitz eines Menschen, im Lachen eines Kindes, in der Vielzahl der Geschöpfe ... Immer wieder bricht eine andere Welt in die unsere herein. So kann man mit Franziskus loben und danken für alles und jedes.

Dieser Dank bekommt aber eine besondere Dichte durch das Christusereignis. Wer sich in das Christusgeheimnis hineingenommen sieht, wird es eucharistisch und ekstatisch feiern wollen. Er kann – zusammen mit allen anderen auf dem Weg ins Reich Gottes – singen und jubeln, daß mit Christus alles schon angekommen ist.

Anton Rotzetter

Du, Herr, Allherrscher, hast alles erschaffen um deines Namens willen. Speise und Trank hast du den Menschen gegeben zur Erquickung, damit sie dir danken. Uns aber hast du geistliche Speise und Trank gegeben und ewiges Leben, durch Jesus, deinen Knecht. Dir sei die Ehre in Ewigkeit.

Zwölfapostellehre (Ende des 1. Jh.)

Eucharistisch leben

«Und das Wort ist Fleisch geworden.» Das ist Wahrheit geworden im Stall von Bethlehem. Aber es hat sich noch erfüllt in einer anderen Form. «Wer mein Fleisch ißt und mein Blut trinkt, der hat das ewige Leben.» Der Herr, der weiß, daß wir Menschen sind und Menschen bleiben, die täglich mit Schwächen zu kämpfen haben, kommt unserer Menschheit auf wahrhaft göttliche Weise zu Hilfe. Wie der irdische Leib des täglichen Brotes bedarf, so verlangt auch das göttliche Leben in uns nach dauernder Ernährung. «Dieses ist das lebendige Brot, das vom Himmel herabgekommen ist.» Wer es wahrhaft zu seinem täglichen Brot macht, in dem vollzieht sich täglich das Weihnachtsgeheimnis, die Menschwerdung des Wortes.

Edith Stein

Tief beugen wir das Haupt
vor dem Geheimnis Deiner Gabe,
vor dem Geheimnis Deiner Gegenwart.
Das Wort von Gott ward Mensch,
die Liebe Gottes wurde Brot und Wein . . .
Christus, Wort der Liebe;
Christus, menschgewordene Liebe,
Christus, Mittler zwischen Gott und Weltall;
Christus, Mittler zwischen uns und Gott.
Dich preisen wir
Christus, Auferstandener, Verklärter,
Christus, unser Bruder, bei uns weilend,
Dich lieben wir.

Chrysostomus-Liturgie

Die eucharistische Anwesenheit Christi

In Zeiten großer Ermüdung sollten wir nie vergessen, daß es unter uns auch noch die schweigende und doch zutiefst geisterfüllte Anwesenheit Christi gibt – in der Gestalt der Eucharistie. Denn es gibt sie unter uns doch nur, weil Jesus uns bis zuletzt liebte und daher «in der Nacht, da er ausgeliefert wurde, Brot nahm, Dank sagte, es brach und sprach: Das ist mein Leib, der für euch hingegeben wird. Das tut zu meinem Gedenken ...» Deshalb vermittelt uns nichts anderes Jesu Geist überzeugender und mächtiger als das Brot und der Wein, die zum direkten Ausdruck seiner ungebrochenen und fortwährenden Liebe zu uns wurden.

Es liegt auch noch in solchen Augenblicken an uns, ob wir uns ihrer lebenspendenden Macht öffnen, ob wir uns ihr gleichsam von Angesicht zu Angesicht aussetzen.

Meinrad Limbeck

Die Wunden seh' ich nicht,
wie Thomas einst sie sah.
Doch ruf' ich: Herr, mein Gott,
du bist wahrhaftig da!
Mach, daß mein Glaube immer mehr
lebendig sei,
mach meine Hoffnung fest,
mach meine Liebe treu!

O Denkmal, das der Herr
mir gab an seinen Tod,
du lebendiges
und lebenspendendes Brot.
Gib, daß von dir
sich meine Seele nährt
und deine Huld und Treu
immerfort erfährt!

Thomas von Aquin

Brot des Lebens

Brot ist nicht zum Anschauen da, sondern dazu, daß es gegessen wird. Das gilt für Jesus, das Brot des Lebens, genauso. Das bloße Diskutieren, ja nicht einmal das einfache Meditieren kann genügen. Man muß sich ihm «einfügen»; ihm nachfolgen und die Konsequenzen aus seinem Wort und aus seinen Taten ziehen. Alle aber, die sich für ihn entschieden haben, bezeugen, wie sehr man bei ihm und durch ihn glücklich werden kann. Er ist wahrhaft das Brot des Lebens.

Zum Brot gehört auch, daß man bereit ist, es zu teilen. Das heißt dann im Blick auf den Herrn, daß man sich nicht in die stille Einsamkeit mit ihm zurückziehen darf, sondern willens sein muß, ihn mit anderen, wo immer sie hungern und auf der Suche sind, zu teilen. Daß man von seinem eigenen Glück weiterschenkt, das man in der Nähe des Herrn gefunden hat, und so, davon Zeugnis gebend, gleichsam mit anderen das Brot teilt.

Johannes Riede

Herr Jesus Christus,
du hast dich uns geschenkt
in dem Zeichen des Brotes,
damit wir uns einander widmen
mit unserem kleinen Besitz,
mit unserer Zeit und unserer Arbeit
und mit guten Worten.
Lehre uns, daß es wohltuend ist,
einander Gutes zu tun.
Bleibe bei uns,
und unser Herz wird froh sein,
du lebendiger Herr in unserer Mitte.

F. Cromphout

Selber zum Brot werden

Ja, anderen Menschen selber zum Brot werden – genau darin liegt die Sendung der Christen, die an der Feier des Brotes des Lebens teilgenommen haben. Als die Jünger zu Jesus sagten, er solle die Menschen wegschicken, da antwortete er ihnen: «Gebt ihr ihnen zu essen!» Darin liegt die eucharistische Sendung der Christen in der heutigen Welt, anderen Menschen zu essen zu geben, damit sie nicht verhungern müssen, damit sie nicht im buchstäblichen Sinne physisch verhungern und damit sie nicht menschlich aushungern ...

Der Empfang des Brotes des Lebens *in* der Eucharistie verweist deshalb die Mahlgemeinde von selbst auf ihre künftige Sendung *nach* der Eucharistie, damit sie immer mehr in das «verwandelt» wird, was sie eigentlich ist – der Leib Christi. Unübertreffbar hat dies der heilige Augustinus ausgesprochen: «Euer Geheimnis selbst ist auf den Altar gelegt: Seid, was ihr seht, und empfangt, was ihr seid. Empfangt den Leib Christi, seid der Leib Christi!»

Kurt Koch

Gott, für uns verstoßen,
Opfer, dargebracht,
Kelch, für uns vergossen,
Bund, für uns gemacht.
Blut, von dem ich lebe,
Leib, durch den ich bin,
Licht, in dem ich webe,
schaff mich zu dir hin.
Wein, der mich verwandelt,
Brot, das mich erhält,
Geist, der in mir handelt,
oh, durchdring die Welt.

Friedrich Hoffmann

Eine Reihe von Wandlungen

Die Eucharistie ist ein Augenblick in einem Wandlungsprozeß. In der Schöpfung wurde das Nichts von Gott in Sein gewandelt. Eine lange und verwickelte Reihe von Wandlungen, die viele Millionen Jahre überspannten, haben den Samen hervorgebracht. Und Samen wird in Weizen und Weinstöcke verwandelt. Aus dem Weizen erhalten wir Mehl, vom Weinstock erhalten wir Trauben. Wir wandeln das Mehl um in Brot und die Trauben in Wein. Dann wandeln die Worte Christi das Brot in seinen Leib und den Wein in sein

Blut. In der Kommunion nehmen wir Leib und Blut Christi zu uns und werden dadurch verwandelt zu Abbildern Christi, werden tiefer in seinen mystischen Leib, die Kirche, hineingenommen und werden in engere Einheit miteinander und mit der ganzen Schöpfung gebracht. So verwandelt gehen wir hinaus, um durch unsere Arbeit die Schöpfung zu verwandeln und sie zu einem besseren Ort zu machen.

Eric Doyle

Schöpfer Geist,
Du bist die große Wandlungskraft.
Du bewirkst den Wandlungsprozeß in der Schöpfung;
Du verwandelst Brot und Wein in den Leib und das Blut Jesu Christi.
Ich bitte Dich: Wandle auch mich!
Wandle meinen Stolz in Demut,
meine Schwäche in Kraft,
meine Trägheit in Eifer,
meine Verstimmtheit in Frieden,
Meine Gefühlskälte in Herzenswärme.
Wandle Du mein Zweifeln in Glauben,
mein Verzagen in Hoffnung,
mein Um-mich-Kreisen in Liebe.

Wandle mich immer mehr um
und gestalte mich durch den Empfang seines Leibes und Blutes nach dem Bild Jesu Christi.

August Berz

Convivium

Jesus lädt nicht zu einem Strafgericht ein («Ich bin nicht gekommen, um zu richten»), sondern zu einem Festgericht, zu einem Convivium, zu einem Gastmahl.

Wenn wir alle erwartet werden von Gott, dann hieße doch Christsein, einander zur Einladung werden. Wenn das Ziel unseres Lebens ein Convivium mit Gott ist, dann müßte etwas davon in unserem täglichen con-vivere (Zusammenleben) zu verspüren sein. Wenn wir, mit anderen Worten, nicht zum Amtshaus (Gericht), sondern zum Kongreßhaus (Feier) geladen sind, dann müßte so eine Art Aufbruchsstimmung in uns sein.

So bekäme auch unser Alltagsleben festlicheren Schwung, größere Festigkeit und auch in schweren Stunden mehr Kraft und Licht.

Vielleicht gelingt es uns, ein bißchen von dem zu verwirklichen, was Frère Roger Schutz von Taizé einmal sagte: «Der auferstandene Christus macht unser Leben zu einem beständigen Fest».

Alban Wirthner

Guter Hirt, du Brot des Lebens,
wer dir traut, hofft nicht vergebens,
geht getrost durch diese Zeit.
Die du hier zu Tisch geladen,
ruf auch dort zum Mahl der Gnaden
in des Vaters Herrlichkeit.

Hymnus «Lauda Sion» (von Thomas von Aquin)

«Ihr alle seid Einer in Christus»

Die Kirche (11.–20. Juni)

Nur in der Gemeinschaft der Kirche

Jesus Christus auf seinem Weg zu folgen – dies ist die Konsequenz des Glaubens. Denn glauben kann man nur in der Nachfolge Jesu, die anderen Menschen die Augen öffnen will.

Und glauben kann man nur in Gemeinschaft. Keiner glaubt ja für sich allein, sondern immer in Gemeinschaft, oder sagen wir gleich das richtige Wort: Glauben kann man nur in der Gemeinschaft der Kirche. Was die Kirche auch sonst noch sein mag und vielleicht oft zu wenig ist, eines ist sie auf jeden Fall: Die Gemeinschaft von Menschen, die glauben und Jesus auf seinem Weg nachfolgen – als Blinde, die in der Begegnung mit Jesus Christus sehend geworden sind, um dadurch auch andere Menschen sehend zu machen.

Kurt Koch

Sammle mich, Gott
  aus aller Zerstreuung
Sammle mich in Deine Liebe
Hol mich, Gott
  aus aller Einsamkeit
Hol mich in Deine Liebe
Verbind mich, Gott
  mit meinen Brüdern und Schwestern

Verbind mich in Deiner Liebe
Verein mich, Gott
  mit Deiner Kirche
Verein mich in Deiner Liebe.

Anton Rotzetter

«Ich liebe *diese* Kirche»

Ich weiß, das Wort «Kirche» schmeckt vielen nicht ... Sie meinen gar, die Kirche liege längst im Koma. Auch ich weiß um die Erneuerungsbedürftigkeit unserer Kirche ... Dennoch widerspreche ich allen Miesmachern von links wie von rechts. Denn ich weiß auch um die Schönheit der Kirche, die Tiefe ihres Glaubens, den Reichtum ihrer Liturgie wie um die Fruchtbarkeit ihrer Diakonie. Ich liebe *diese* Kirche.

Was wäre denn aus dem Evangelium geworden ohne die Kirche, welche die biblischen Schriften aufbewahrt, gesammelt und weiterüberliefert hat bis in unsere Gegenwart? Ist also nicht die Kirche unsere wahre Mutter im Glauben? Wo begegnet uns Jesus Christus intensiver als in der Feier der Eucharistie? ...

Wer zur Kirche nicht ja sagt, der hat auch zu Jesus Christus, der ihr Haupt und Herr ist, nicht voll ja gesagt. Es geht – wie der große Theologe und Bischof Augustinus sagt – um den ganzen Christus, um Jesus Christus als Haupt und um Jesus Christus in seinen Gliedern.

Walter Kasper

Vater, ich bitte dich für die Kirche,
daß sie nicht nur als Institution begriffen wird,
sondern als Gemeinde der Gläubigen;
daß sie Sammlungsort gelebten Glaubens ist
und daß die Menschen wieder mehr Mut fassen,
sich zu ihr zu bekennen;
daß wir einander an die Hand nehmen
und zum großen Volk Gottes heranwachsen.
Vater, ich bitte für mich,
daß ich diese Hoffnung niemals verliere.

Sylvia Ross

Die Kirche finden

Wer das Geheimnis der Kirche entdeckt hat, der vertraut auf den Herrn der Kirche, auf Jesus Christus, unsern Freund und Retter. Er läßt sich bereitwillig auf die konkrete Kirche ein, bringt sich ein mit seinen Gaben und Charismen in den Lebenslauf einer Pfarrgemeinde, arbeitet mit kirchlichen Gruppen, sieht in der Weitergabe des Glaubens eine entscheidende Lebensaufgabe.

Wir dürfen nicht warten, bis die Kirche ohne uns so wird, wie wir sie gern hätten; so wird, daß sie uns zusagt. Vielmehr: in uns und mit uns, die Gottes Geist liebt und bewegt und treibt, gewinnt Kirche Gestalt, wird sie erneuert und vertieft. In unserem Leben, treu und tapfer, voll Glaube, Hoffnung und Liebe, erweist sie sich als heilig, wird sie immer mehr zu dem, wozu sie berufen und bestimmt wurde. Wenn wir wirklich und wahrlich Kirche gefunden haben, dann werden wir nicht ungeduldig, wenn sie ihr Erbe festhält, und nicht ängstlich, wenn sie neue, ungewohnte Straßen geht.

Helmut Hermann Wittler

Du gehst durch die Geschichte, Herr, und das immer wachsende Wunder Deiner Heiligen umgibt Dich wie Glanz. Lieder der Freude sind möglich. Alles ist verwandelbar. Keiner bringt sich selber ein. Allein Dein Glanz ist über uns gelegt. Nur er macht Deine Kirche zu einer Versammlung der Heiligen und zur Freude der Welt.

Norbert Lohfink

Kirche sind wir alle

Kirche sind wir alle; wir alle sind nicht bloß die seelsorgerlich von einer Amtskirche Betreuten, sondern diejenigen, die Kirche sind, die Kirche bilden und leben müssen, die Kirche, die die wunderbare Bruderschaft aller mit Jesus und in seinem Geiste ist. Daraus ergibt sich, daß jeder Christ zunächst einmal nicht Ansprüche an eine Kirche stellen darf, die wie eine ihm äußerliche Organisation gegenübersteht, sondern seines seligen und verantwortungsvollen Auftrags sich bewußt sein muß, selber mit anderen Kirche zu bilden.

Kritik an der Kirche darf und muß sein. Aber jeder Kritiker an der Kirche muß sich immer zuerst die kritische Frage stellen, ob er seiner Verantwortung, mit anderen Kirche zu sein, gerecht wird in Liebe, Mitarbeit, Ertragen-Können, Geduld und in dem Bewußtsein, seiner eigenen Verantwortung für die Kirche nie ganz genugzutun.

Karl Rahner

Herr, ich brauche deine Augen,
gib mir einen lebendigen Glauben.
Ich brauche dein Herz,
gib mir Liebe zum Nächsten in allen Lagen.
Ich brauche deinen Atem,
gib mir deine Hoffnung
für mich selbst und für deine Kirche,
auf daß sie Zeugnis ablege für die Welt,
auf daß man die Christen erkenne
an ihrem strahlenden, heiteren Blick,
an der Wärme ihres Herzens
und an diesem unüberwindlichen Glauben,
der sich aus den heimlichen, unversieglichen Quellen
ihrer fröhlichen Hoffnung nährt.

Léon-Joseph Suenens

Engagement und Gebet in der Kirche

Der Heilige Geist ist genau jener Funke, der vom Herrn überspringen will und der mächtig ist, die Trägen so richtig anzuzünden, die Eigensinnigen zum Gespräch und zur Zusammenarbeit zu bringen ... Dieser Geist läßt sich nicht organisieren, um ihn können wir nur bitten. Und wenn er so unerläßlich ist, *müssen* wir dies tun ...

Daß in der Kirche noch gebetet wird, ist kein Rest aus einer untätigen Zeit, ist auch keine Nachlässigkeit gegen die dringlichen Aufgaben und Reformen der Kirche, das wirkt auch nicht als Bremse auf das Engagement in der Welt. Gebet ist in der Kirche nicht notwendig, *obwohl* wir uns alle am Bau beteiligen, sondern gerade *weil* wir am Bauen sind. Denn es soll nicht irgend etwas entstehen, sondern die lebendige Kirche unseres Herrn Jesus Christus; nur eine solche Kirche kann dann auch der Welt dienen und für die Menschen dasein.

Dietrich Wiederkehr

Herr, du hast gesagt:
Dort, wo zwei oder drei in meinem Namen
beisammen sind,
da bin ich mitten unter ihnen.
Wo zwei oder drei dein Wort hören,
wo zwei oder drei dir folgen,
wo zwei oder drei – oder auch viele –

deine Botschaft leben wollen,
da bist du gegenwärtig.
Herr, wir vertrauen auf dich,
wir vertrauen auf dein Wort.
Höre unser Gebet, sei bei uns!
Gib uns Mut und Hoffnung und Freude.

Aus Simbabwe

Warum ich in der Kirche bin

Ich bin in der Kirche, weil ich daran glaube, daß nach wie vor und unaufhebbar durch uns, hinter «unserer Kirche» «Seine Kirche» lebt und daß ich bei Ihm nicht anders stehen kann, als indem ich bei und in Seiner Kirche stehe. Ich bin in der Kirche, weil ich trotz allem daran glaube, daß sie zutiefst nicht unsere, sondern eben «Seine» Kirche ist.

Die Kirche ist es, die uns, trotz all der Menschlichkeit der Menschen in ihr, Jesus Christus gibt, und nur durch sie können wir ihn als eine lebendige, vollmächtige, mich jetzt und hier fordernde und beschenkende Wirklichkeit empfangen ...

Die Kirche ist es, durch die er über die Distanz der Geschichte hinweg lebendig bleibt, heute zu uns spricht, heute bei uns ist als Meister und Herr, als unser Bruder, der uns zu Geschwistern vereint. Und indem die Kirche, sie allein, uns Jesus Christus gibt, ihn in der Welt lebendig anwesend sein läßt, gibt sie der Menschheit ein Licht, einen Halt und einen Maßstab, ohne den sie nicht mehr vorstellbar wäre.

Joseph Ratzinger

Lasset uns beten für die heilige Kirche Gottes: Daß du, o Herr, sie führen wollest in dieser Zeit der Verwirrung, des Suchens und Fragens. Daß du ihr heilige Menschen senden wollest, die aus der Mitte ihres Glaubens inmitten unseres Heute leben.

Daß du uns Eintracht, Geduld der einen mit den andern, die tragende Kraft der Liebe und den Mut zur heiligen Torheit des Glaubens geben wollest:
Kyrie eleison!

Joseph Ratzinger

Kirche in der Zeit

Kirche in der Zeit bedeutet, auch in der Zeit mit deren Begrenzungen fertig werden zu müssen, mit den räumlichen Einengungen und den Eigenarten der Menschen. Niemand ist vollkommen; so ist auch die Kirche in der Zeit nicht perfekt, sondern in ihr sind die Höhen und Tiefen des Lebens zu finden, Heilige und Sünder, Feiglinge und Helden. So gibt es viele, die an der Kirche leiden, ihre Gebrechen schmerzhaft empfinden, sie aber dennoch lieben und ihr treu bleiben. So gibt es unzählige Menschen, die sich freuen, ihr anzugehören, und stolz sind, weil sie die Kirche Jesu Christi ist, der allen Menschen das Heil brachte.

Oft gibt es unterschiedliche Meinungen; wichtiger jedoch ist, daß sich alle um die Liebe mühen, die eines Sinnes macht... Dann werden auch nicht mehr Definitionen und Äußerlichkeiten letzte Maßstäbe sein, sondern die Liebe des Herrn, die alles durchdringt.

Bernhard Priebe

Gedenke, Herr, deiner Kirche,
sie zu entreißen allem Bösen
und sie zu vollenden in deiner Liebe.
Führe sie, die geheiligte, heim von den vier Winden
in dein Reich, das du ihr bereitet hast.

Denn dein ist die Macht und die Herrlichkeit in Ewigkeit.
Es komme die Gnade und vergehe diese Welt!
Hosianna dem Gotte Davids ...
Komm, Herr! Amen.

Zwölfapostellehre (Ende des 1. Jh.)

Aber die Mängel und Schwächen?

Mängel an der Kirche sind ein Prüfstein, ob wir die Kirche wahrhaft lieben.

Wenn ich einen Menschen wahrhaft liebe, liebe ich ihn nicht deswegen, weil er keine Fehler hat, sondern ich liebe ihn, weil ich ihn liebe. Und gerade die Fehler am geliebten Menschen geben mir Gelegenheit, zu beweisen, daß er mir wahrhaft etwas wert ist, daß ich ihn um seiner selbst willen liebe, weil ich mit ihm auch seine Fehler mit in Kauf nehme.

Der Umstand, daß die Kirche ihre Schwächen und Mängel hat, macht, daß meine Treue zu ihr nicht nur Bewunderung eines Ideals, Bejahen einer Wahrheit, Annehmen eines Wertes, Freude an etwas Schönem ist, sondern wahrhaft Liebe, die «langmütig ist, geduldig ist, die sich nicht erbittern läßt; die alles erträgt, alles glaubt, alles hofft, alles übersteht» (1 Kor 13).

Sollten wir nicht für Schönheitsfehler, die wir an der Kirche gewahren, bei allem Bedauern Verständnis haben – wie für die Runzeln im Gesicht und für die Schwielen an den Händen unserer Mutter? Beide zogen diese sich zu in der Mühe und Sorge um uns.

August Berz

Herr, wir glauben und bekennen voll Zuversicht, daß du deiner Kirche Dauer verheißen hast, solange die Welt besteht. Darum haben wir keine Sorge und Angst um den Bestand und die Wohlfahrt deiner Kirche.

Wir wissen nicht, was ihr zum Heile ist. Wir legen die Zukunft ganz in deine Hände und fürchten nichts, so drohend bisweilen die Dinge auch scheinen mögen.

John Henry Newman

Warum in der Kirche bleiben?

Bleiben in der Kirche soll man, darf man, weil die Sache Jesu Christi überzeugt und weil die Kirchengemeinschaft trotz und in allem Versagen doch im Dienst an der Sache Christi geblieben ist und es auch bleiben soll.

Nachfolge Christi geschieht, wo die Sache Jesu Christi ernstgenommen wird. So also kann die Kirche als Glaubensgemeinschaft – und wer sollte es ex professo tun, wenn nicht sie es tut? – den Menschen helfen, Mensch, Christ, Christenmensch zu sein und es in der Tat zu bleiben ...

Warum also in der Kirche bleiben? Weil man aus dem Glauben Hoffnung schöpfen kann, daß das Programm, daß die Sache Jesu Christi selbst wie schon bisher stärker ist als aller Unfug, der in und mit der Kirche angestellt wird. Dafür lohnt sich der entschiedene Einsatz in der Kirche, dafür auch der besondere Einsatz im kirchlichen Dienst – trotz allem. Nicht *obwohl* ich Christ bin, bleibe ich in der Kirche. Ich halte mich nicht für christlicher als die Kirche. Sondern *weil* ich Christ bin, bleibe ich in der Kirche.

Hans Küng

Herr, unser Gott,
gib uns das Bewußtsein davon, daß auch die heutige Kirche nichts anderes ist als Christi Gemeinde.

Laß die Lenker und Leiter wissen, daß sie nur lenken und leiten können, wenn sie von diesem Geiste Christi durchweht sind ...

Laß uns alle erkennen, daß Glaubwürdigkeit in dem Eifer besteht, mit dem die Nachfolge Chrsti geschieht und versucht wird.

Verfasser unbekannt

Eine neue Blüte

Irgendwo ist immer noch der Rest des Festes das, woraus auch schal gewordene Gemeinden von heute noch leben – die Feier der Eucharistie. Immer wieder, wenn auch vereinzelt, zaghaft, anonym, blüht in diesen Gemeinden auch aus der dort geschöpften Kraft in einzelnen Menschen «Agape» auf: selbstlose, vom andern her denkende Liebe. Immer wieder erglänzt auch zu unserem eigenen Erstaunen das Licht voller Menschlichkeit auf dem Antlitz alter wie junger Menschen; man begegnet der Freude. Und die Botschaft wird unverändert Sonntag für Sonntag verkündet ...

Alles ist noch da. Alle Wurzeln in der Erde warten nur auf den ersten warmen Tag eines neuen Frühlings, um durchzubrechen. Alles könnte jederzeit wieder blühen.

Norbert Lohfink

Wie herrlich, mein Gott,
leuchtet mir deine heilige Kirche:
das lichte Kleinod in schwarzer Nacht
über verkrustetem Land;
die sprudelnde Quelle
zwischen den harten Felsen
durchmessener Wüsten.

Norbert Lohfink

«Ihr sollt meine Zeugen sein»

Glaubenszeugnis – Lebenszeugnis (21.–30. Juni)

Den Glauben ausstrahlen

Solltest Du nicht gerade als Glied dieser großen Gemeinschaft der Glaubenden die Kraft haben, Deinen Glauben nicht nur zu bewahren, sondern auch auszustrahlen? ... Wir alle sind die Kirche, Du und ich. Und nicht auf große Reden und nicht auf große Aktionen, sondern schließlich und endlich auf Dich und mich kommt es an, ob die Kirche vor der Welt glaubwürdig dasteht.

Die Welt besteht aus unendlich vielen kleinen Kreisen, die sich vielfältig überschneiden. In der Mitte jedes Kreises steht ein Christ, ein einzelner Christ, der für die Kirche dasteht. Und die entscheidende Frage ist: Leuchtet dieser Christ, strahlt sein Glaube aus, Licht, Wärme, Liebe? – Daß die Welt glaube, hängt ab von Dir!

Hans Küng

Bleibe bei mir, dann werde auch ich leuchten, wie Du geleuchtet hast, und werde andern ein Licht sein. All dieses Licht ist von Dir, o Jesus ... Du bist es, der durch mich andern leuchtet.

O gib, daß ich Dich so verherrliche, wie es Dir am besten gefällt: indem ich allen um mich leuchte! Gib ihnen Licht, so gut wie mir; erleuchte sie durch mich und mit mir.

 John Henry Newman

Der Herr braucht dich

Jesus Christus hatte nur 33 Jahre für sein Leben auf dieser Erde. Das hat ihm nicht gereicht, um uns allen zu helfen.

Er hat nicht lieben können wie eine Mutter; dazu braucht er Mütter.

Er hat nicht für eine Familie sorgen können; dazu braucht er Väter.

Er hat nicht den Kranken unserer Zeit helfen können; dazu braucht er Ärzte und Krankenschwestern.

Er hat nicht das Brot für alle brechen können; dazu braucht er Priester.

Der Herr braucht dich, um das, was er anfing, in dieser Welt weiterzubauen.

Der Herr braucht uns, um Wunder zu wirken: Wunder der dienenden Liebe und der Güte, Wunder des Friedens.

Der Herr will durch unsere Herzen und durch unsere Hände die Welt menschlicher machen; er will durch unsere Vernunft und durch unsere Arbeit das Himmelreich kommen lassen; denn es geht ihm um diese Welt und um diese Menschen.

Paul Claudel

Jesus,
gib den Fragenden Antwort
  – durch uns
den Zweifelnden und Entmutigten
  neue Zuversicht
  – durch uns
den Suchenden Frieden
  – durch uns
den Gutwilligen Glauben
  – durch uns
den sich Sehnenden Erfüllung
  – durch uns ...
Lebe und wirke weiter
  in uns
  mit uns

Bruno Stephan Scherer

Zusammen zu Gott gehen

Weißt du, welches der beste Dank dafür ist, daß du selbst glauben kannst und darfst? Weißt du, womit du deinen eigenen Glauben am besten erhalten und stärken kannst? Indem du in andern den Glauben zu wecken und zu stärken suchst.

Du hast solange noch nicht erfaßt, was Wertvolles es um deinen Glauben ist, als du nicht darunter leidest, daß andere diesen Glauben noch nicht besitzen, und nicht darum betest, daß auch ihnen das Geschenk des Glaubens zuteil wird.

Wir bewahren unseren Glauben, indem wir ihn weiterschenken. Wir mehren unseren Glauben, indem wir ihn mit andern teilen. Geteilter Glaube ist doppelter Glaube, könnte man sagen.

Man kann nicht für sich allein Christ sein. Christsein heißt, Verantwortung tragen für andere.

«Wir sollten alle zusammen in das Haus unseres Vaters zurückkehren. Wir sollten auch ein wenig an die andern denken; ein wenig sollte einer für den andern arbeiten» (Charles Péguy).

August Berz

Mit den Aposteln bitten wir, Herr
Stärke unseren Glauben
Stärke unseren Mut
Dir nachzufolgen
Dir zu dienen
Stärke unsere Demut
bei Dir zu bleiben
mit Dir zu dienen
den Menschen
den Schwestern und Brüdern
Bediene Dich
unserer Hände und Füße
Herzen und Sprachen

unserer Fähigkeiten
unseres guten Willens
Bediene Dich
wir sind Deine Knechte
in Freiheit
Deine Freunde

Bruno Stephan Scherer

«Sein Name war Johannes»

Der Name Johannes bedeutet eigentlich «Gott ist gnädig». Und wie Johannes hieß, so war er auch: ein Strahl der selbstlosen Güte Gottes.

Wie manche können an diese Güte Gottes nicht mehr glauben, weil sie von Menschen Ungüte erfahren haben. Wie manche aber auch könnten wieder an die Güte Gottes glauben lernen, wenn sie die Güte eines echten Christen erfahren würden. Deshalb sollen wir Johannes-Naturen sein: Menschen, die durch ihr von Liebe beseeltes Dasein an das erinnern, was der Name Johannes sagt: Gott ist gnädig. So werden auch wir, wie Johannes, Vorläufer des Herrn sein und ihm die Wege bereiten zu den Herzen der Menschen.

 August Berz

Gott, schicke uns engagierte Menschen,
solche, die sich voll und ganz einsetzen,
die sich selbst vergessen,
die lieben, nicht nur mit schönen Worten,
sondern in Wahrheit und mit Taten,
die ihr Leben hingeben, wahrhaftig und restlos.

Schenke uns engagierte Menschen,
in die Wahrheit verliebte,
die den Frieden lieben,
mit reinem Gewissen,
entschlossen, nie untreu zu sein,
freie, spontane und standhafte Menschen,
die zärtlich und stark zugleich sind.

Darum bitten wir dich
im Namen Jesu Christi,
deines Sohnes und unseres Bruders.

Aus Guatemala

Gottes Mitarbeiter

Das Werk Gottes vollzieht sich in der Menschengeschichte und nach deren Gesetzen. Deshalb gilt hier der Satz «Gott braucht Menschen», als Werkzeug ergriffene, in Dienst genommene, zum Dienst begnadete, geschichtliche Personen. Der Anspruch Gottes auf die Erfüllung seines Willens und auf den Dienst des Menschen ist also nicht bloß Ausdruck der Souveränität des Schöpfers. Dieser Anspruch beruht vielmehr auf Gottes Ratschluß, auf Menschen angewiesen zu sein, er entspricht seinem Wirken in einer in ein eigenes Leben freigegebenen Welt. Gott will die Menschen durch Menschen hereinrufen in seine Zukunft; daß Gott die Welt freigegeben hat, verleiht dem Menschen die Würde eines Mitarbeiters Gottes.

Heinrich Kahlefeld

Herr, erwecke deine Kirche
und fange bei mir an.

Herr, baue deine Gemeinde auf
und fange bei mir an.

Herr, laß überall auf Erden Frieden kommen
und fange bei mir an.

Herr, bring deine Liebe und Wahrheit
zu allen Menschen
und fange bei mir an.

Gebet eines chinesischen Christen

Christ in der Gegenwart

Christsein heute muß nach meinem Ermessen von großem, beunruhigtem Eifer erfüllt sein. Der Christ muß sich angesichts unserer Situation mit in die Verantwortung gestellt finden, gleich, in welcher Lage er sich befindet. Der Christ muß sich aufgerufen fühlen, alles ihm Mögliche zu tun, um Gottes uns nicht mehr zustehende Langmut, Gottes uns nicht mehr zustehende Barmherzigkeit zu beschwören.

Schließlich kann doch jeder etwas dazu tun: durch das Gebet, durch praktizierte Eucharistie, durch Bemühung um ein gottgefälliges Leben im Alltag und, je nach überschüssiger Kraft, in Einsätzen für die Nächsten, für die Mission hier und in fernen Landen ...

Christ in der Gegenwart – das kann bis zum letzten Atemzug kein sanftes Ruhekissen mehr sein.

Christa Meves

Herr,
laß trotz unserer Schwäche, unserer Haltlosigkeit,
ja trotz unserer Fehltritte
die Menschen, die dich suchen,
in uns genug Liebe finden,
um dich zu erahnen.

August Berz

Nicht nur Empfangende, auch Gebende

«Geheiligt werde Dein Name» und «Vergib uns unsere Schuld, wie auch wir vergeben unsern Schuldigern.» In der Mitte der himmlischen Aussagen eingebettet ist der ehrenvolle Auftrag, meinem Gott Ehre, Anerkennung geben zu können. Dieser Auftrag besagt, wenn der Herr mich damit betraut, daß Gott auch Ehre aus meinem kleinen Menschsein annimmt.

Ebenso ist auf dem irdischen Flügel ... das Angebot des Herrn, ich solle verzeihen, wie er mir verziehen hat. Ich kann mein Verzeihen ihm geben, dem Gekreuzigten, es in seine Schale des großen Opfers legen, aus dem eine ganze Menschheit Erlösung gefunden hat. So bin ich also auch hier nicht bloß der Empfangende, sondern durch Christus auch der Gebende.

Mir scheint es außerordentlich wichtig zu sein, daß der heutige Mensch diese Akzente sieht. Wir sind nicht bloß Bettler vor Gott, nein, seine Liebe und seine Gnade hat uns zu handlungsfähigen, mündigen Kindern, zu entscheidenden Söhnen und Töchtern gemacht, die in Eigenverantwortung etwas tun und erfüllen können.

Richard Thalmann

Gott Vater, Schöpfer,
laß mich ein Werkzeug deiner Schöpfermacht sein. Schaffe in mir weiter im Werk meiner Hände.

Gott Sohn, Erlöser,
laß mich ein Werkzeug deiner Liebe sein.
Liebe in mir weiter in der Güte meines Herzens,
leide in mir weiter im Schmerz meines Lebens.

Gott Geist, Heiligmacher,
laß mich ein Werkzeug deines Heilwirkens sein.
Heilige in mir weiter,
heilige mich selbst und durch mich die Menschen,
die mir anvertraut und nahe sind.

August Berz

Einsatz für Gottes Reich

Auf gar keinen Fall darf sich die christliche Kirche auf die religiösen Bereiche von moralischer Innerlichkeit und jenseitigem Leben verbannen lassen und für das politische und gesellschaftliche Handeln der Christen ihr Evangelium gleichsam in den Ruhestand versetzen. Denn sonst droht sie ihr Evangelium der *Frei-heit* nur allzu schnell zu einem «Evangelium» allein der *Frei-zeit* zu verfälschen und den «Edelstein» ihres Glaubens und ihrer Hoffnung zu verraten, die auf das Reich Gottes zielt, welches die Erfüllung der Bestimmung der menschlichen Gesellschaft zu einer neuen Gesellschaft in Frieden und Gerechtigkeit beinhaltet. Denn «Reich Gottes» bedeutet in der Botschaft Jesu die Befreiung aller Menschen und die Befreiung des ganzen Menschen.

Gerade christlich kann es deshalb keine Hoffnung geben ohne Sehnsucht nach diesem Gottesreich und keine Frömmigkeit ohne auch politische Verantwortung für dieses Reich in Frieden und Gerechtigkeit für alle Menschen.

Kurt Koch

Herr Jesus Christus,
benütze unsere Hände,
  damit wir das tun, was du gestalten willst;
benütze unsere Füße,
  damit wir dorthin gehen,
  wohin du uns senden willst;
benütze unsere Lippen,
  damit wir den Menschen sagen,
  was du ihnen verkünden willst;

benütze unsere Hilfsbereitschaft,
damit die Menschen erhalten,
was du ihnen schenken willst;
benütze uns als lebende Bibel für die,
welche die gedruckte Bibel nicht lesen.

Von einer Schulklasse

Die Kirche sind wir

Petrus und Paulus gehören trotz aller scheinbaren Gegensätzlichkeit zusammen, unzertrennbar. Sie haben sich in Rom für immer gefunden: Amt und Heiligkeit, Autorität und Persönlichkeit, Kopf und Herz, San Pietro in Vaticano und San Paolo fuori le mura!

Aus all dem nur *eine* Folgerung: Die Kirche, das ist nicht nur das Amt, der Klerus, die Priester. Die Kirche als Gnadengemeinschaft der Erlösten, das sind wir. Kirchwerdung vollzieht sich immer da, wo die Gemeinde sich in Liebe zusammenfindet ...

Die Kirche sind wir, ausnahmslos, wir alle! Wir tragen mit an ihrer Last und ihrer Herrlichkeit, an ihrer Schmach und an ihrer Größe. Wir repräsentieren die Kirche einer ungläubigen Welt gegenüber, wir sind ihr sichtbares Antlitz im Angesicht der Heiden.

Beginnen wir im eigenen Herzen lebendige Kirche zu sein, und wir haben der Kirche im Großen und damit auch der Welt den besten Dank erwiesen.

Josef Bommer

Wir wollen deine Zeugen und deine Apostel sein. Zeugen deiner Wahrheit und deiner Liebe, Gesandte deiner Sendung zum Heil der Welt. Wie der Vater dich gesandt hat, so sendest du uns alle. Deine Sendung ist hart und schwer. Wir sind schwach, feige und unlustig, störrisch und ungeschickt...

Wir werden uns immer wieder davonschleichen wollen... Laß uns nicht in Ruhe. Scheuche uns immer wieder auf... Gib uns Hoffnung wider alle Hoffnung, schenke uns deine Kraft in unserer Ohnmacht.

Karl Rahner

Eine königliche Priesterschaft

Als du die Taufe empfingst, wurdest du in Jesus Christus, den ewigen Hohenpriester, eingegliedert. Alle deine Handlungen, selbst die geringsten, die du zu Gottes Ehre verrichtest, erhalten dadurch einen priesterlichen Charakter.

Priesterlich geworden ist dein Beten, Getaufter. In deinem Beten setzt der ewige Hohepriester das Gebet fort, das er in seinem Erdenleben begann.

Priesterlich geworden ist dein Arbeiten. Nicht erst durch sein späteres Wirken, sondern auch schon durch seine Handarbeit in Nazaret hat Jesus den ewigen Vater verherrlicht und Gnade auf die Menschen herabgezogen.

Priesterlich geworden ist auch dein Leiden. Durch sein Leiden und seinen Tod am Kreuz vor allem hat Jesus die Welt erlöst. In dir, Christ, will er sein Erlösungswerk fortsetzen.

So wird dein Beten, Arbeiten und Leiden zu einem priesterlichen Tun.

August Berz

Barmherziger Gott,
mache deine Gläubigen immer mehr zu dem,
was sie durch deine Berufung sind:
ein auserwähltes Geschlecht,
eine königliche Priesterschaft,
ein heiliger Stamm,
ein Volk, das dir gehört.
Darum bitten wir durch Jesus Christus,
unseren Herrn. Amen.

Kirchengebet

Quellennachweis

S. 8: Herbert Haag, Der Tag ist nahe. Rex Verlag, Luzern/Stuttgart.
S. 9/10: Josef Heinzmann, Glauben ist Freundschaft. Kanisius Verlag, Fribourg.
S. 10/11: Johannes Bours, Der Gott, der mein Hirte war mein Leben lang. Herder Verlag, Freiburg i. Br.
S. 11/12: Josephine Hirsch, Brot für jeden Augenblick. Herder Verlag, Freiburg i. Br.
S. 12/13: Josef Bommer, Gottes Wort im Kirchenjahr. Rex Verlag, Luzern/Stuttgart.
S. 14: Werner Bergengruen, Die heile Welt. Arche Verlag, Zürich 1950.
S. 15: Ladislaus Boros, Der gute Mensch und sein Gott. Rechte bei Annegret Boros, Cham.
S. 16/17: Dietrich Bonhoeffer, Widerstand und Ergebung. Chr. Kaiser Verlag, München.
S. 17: Bruno Stephan Scherer, Nahe bist Du. Gebetsgedichte zum Kirchenjahr C. Cantina Verlag, Goldau 1986.
S. 18: Philipp Schäfer. Aus: Anzeiger für die Seelsorge. Herder Verlag, Freiburg i. Br.
S. 18/19: Jörg Zink, Wie wir beten können. Kreuz Verlag, Stuttgart 1970.
S. 19/20: Karl Lehmann, Signale der Zeit – Spuren des Heils. Herder Verlag, Freiburg i. Br.
S. 20: Jean Galot. Rechte bei Johannes Verlag, Leutesdorf.
S. 21: Ladislaus Boros, Erlöstes Dasein. Matthias Grünewald Verlag, Mainz.
S. 22: Bruno Stephan Scherer, Du bist nahe. Gebets-Gedichte zum Kirchenjahr C. Kanisius Verlag, Fribourg 1988.
S. 24: Romano Guardini, Der Herr. Verlag Ferdinand Schöningh, Paderborn ^{15}1985.
S. 24/25: Jörg Zink, Wie wir beten können. Kreuz Verlag, Stuttgart 1970.
S. 25/26: Josef Bommer, Gottes Stimme im Kirchenjahr. Rex Verlag, Luzern/Stuttgart.
S. 27: Ladislaus Boros, In der Versuchung. Rechte bei Annegret Boros, Cham.
S. 28/29: Frère Roger, Gib, was Gott dir gibt. Ateliers et Presses de Taizé, Taizé.

S. 30: Guy de Larigaudie, Stern auf hoher See. Brigg Verlag, Augsburg.
S. 32: Anton Rotzetter, Gott, der mich atmen läßt. Herder Verlag, Freiburg i. Br.
S. 34: Eberhard Jüngel, Unterbrechungen. Chr. Kaiser Verlag, München.
S. 34/35: Prosper Monnier, Die Reise nach innen. Christiana Verlag, Stein am Rhein.
S. 35: Michael Gasnier, Josef von Nazareth. Rex Verlag, Luzern/Stuttgart.
S. 37: Jean Cocteau, Der Künstler und der Weise: Cocteau – Maritain. Benno Filser Verlag, Augsburg.
S. 40: Romano Guardini, Theologische Gebete. Verlag Josef Knecht, Frankfurt/Main 1985.
S. 41: Klemens Tilmann, Die Führung zur Meditation, Band 1. Benziger Verlag, Zürich [8]1981.
S. 41/42: Anton Rotzetter, Gott, der mich atmen läßt. Herder Verlag, Freiburg i. Br.
S. 42: Jewgéni Jewtuschenko, aus: Niklaus Brantschen, Erfüllter Augenblick. Benziger Verlag, Zürich [2]1991.
S. 43: Jörg Zink, Wie wir beten können. Kreuz Verlag, Stuttgart 1970.
S. 43/44: Herbert Haag, Wenn ihr betet ..., Benziger Verlag, Zürich.
S. 44: Dag Hammarskjöld, Zeichen am Weg. Droemer/Knaur, München.
S. 46: Juliette Franzmayr, Von der Freude, ein Christ zu sein. Matthias Grünewald Verlag, Mainz.
S. 46: Hans Küng, Christ sein. R. Piper Verlag, München 1974.
S. 47/48: Thomas Sartory, aus: Der christliche Sonntag. Herder Verlag, Freiburg i. Br.
S. 49: Ladislaus Boros, Der anwesende Gott. Rechte bei Annegret Boros, Cham.
S. 50: Reinhard Johannes Sorge, Sämtliche Werke. Christiana Verlag, Stein am Rhein.
S. 51/52: Johannes Riede, aus: Christ in der Gegenwart. Herder Verlag, Freiburg i. Br.
S. 56: Anton Rotzetter, Leidenschaft für Gottes Welt. Benziger Verlag, Zürich 1988.

S. 56/57: Romano Guardini, Der Kreuzweg unseres Herrn und Heilandes. Matthias Grünewald Verlag, Mainz 1990. Alle Autorenrechte liegen bei der Katholischen Akademie in Bayern.
S. 57/58: Josef Sudbrack, Der Kreuzesbaum. Kanisius Verlag, Fribourg.
S. 59: Carlo Carretto, Unser Weg durch die Wüste. Herder Verlag, Freiburg i. Br.
S. 60: Romano Guardini, Der Herr. Verlag Ferdinand Schöningh, Paderborn ^{15}1985.
S. 61: Kurt Koch, Streifzüge durch Gottes Gegenwart. Benziger Verlag, Zürich.
S. 62/63: Jürgen Moltmann, aus: J. B. Metz/J. Moltmann, Leidensgeschichte.
S. 65: Gerhard Eberts, aus: Weltbild. Rechte bei P. Gerhard Eberts, Augsburg.
S. 65: Pierre Griolet, Zu jeder Zeit. Patmos Verlag, Düsseldorf.
S. 66/67: Anton Rotzetter, Gottes Leidenschaft ist Liebe. Herder Verlag, Freiburg i. Br.
S. 67/68: Ladislaus Boros, In der Versuchung. Rechte bei Annegret Boros, Cham.
S. 70/71: Romano Guardini, Der Herr. Verlag Ferdinand Schöningh, Paderborn ^{15}1985.
S. 71/72: Ladislaus Boros, Aus der Hoffnung leben. Rechte bei Annegret Boros, Cham.
S. 72: Christa Schrödinger, aus: Anzeiger für die Seelsorge. Herder Verlag, Freiburg i. Br.
S. 73: Peter Heimann, Mut zu Gott. Meditationen im Kirchenjahr. Katzmann Verlag, Tübingen.
S. 74: Romano Guardini, Der Kreuzweg unseres Herrn und Heilandes. Matthias Grünewald Verlag, Mainz 1990. Alle Autorenrechte liegen bei der Katholischen Akademie in Bayern.
S. 74/75: Karl Rahner, Was heißt hier Auferstehung? Herder Verlag, Freiburg i. Br.
S. 75/76: Karl Barth, Gebete. Aus: Letzte Zeugnisse. Theologischer Verlag, Zürich ^{2}1970.
S. 77/78: Joseph Ratzinger, Schauen auf den Durchbohrten. Johannes Verlag, Einsiedeln/Freiburg ^{2}1990.

S. 78: Romano Guardini, Theologische Gebete. Verlag Josef Knecht, Frankfurt/Main 1985.
S. 79: Otto Lutz, Hoffnung ist ein Stück Auferstehung. Aus: Anzeiger für die Seelsorge. Herder Verlag, Freiburg i. Br.
S. 79/80: Elsi Schindler, Gebete aus dem Alltag. NZN Buchverlag, Zürich.
S. 80: Hans Fink, aus: Welt in Christus, Zeitschrift für ein weltoffenes Christsein. Verlag Die Quelle, Feldkirch.
S. 81/82: Leonardo Boff, Kreuzweg der Auferstehung. Patmos Verlag, Düsseldorf [2]1986.
S. 84: Jörg Zink, Wie wir beten können. Kreuz Verlag, Stuttgart 1970.
S. 86: Phil Bosmans, Gelöster Leben. Herder Verlag, Freiburg i. Br.
S. 86/87: Bruno Stephan Scherer, Du bist da. Gebets-Gedichte zum Kirchenjahr A. Kanisius Verlag, Fribourg.
S. 87/88: Ludwig A. Winterswyl, Christus im Jahr der Kirche, Verlag Butzon & Bercker, Kevelaer 1941.
S. 88: Madeleine Delbrêl, Gebet in einem weltlichen Leben. Johannes Verlag, Einsiedeln/Freiburg [4]1986.
S. 90/91: Rudolf Schnackenburg, aus: Christ in der Gegenwart. Herder Verlag, Freiburg i. Br.
S. 92/93: Anton Rotzetter, Gott, der mich atmen läßt. Herder Verlag, Freiburg i. Br.
S. 93/94: Phil Bosmans, Ja zum Leben. Herder Verlag, Freiburg i. Br.
S. 95: Paul Roth, Gott ist jederzeit zu sprechen. Rechte bei Paul Roth, Kirchheim bei München.
S. 96: Hans Albert Höntgens, aus: Christ in der Gegenwart. Herder Verlag, Freiburg i. Br.
S. 97/98: Georg Moser, Ich bin geborgen. Herder Verlag, Freiburg i. Br.
S. 99: Ladislaus Boros, Im Menschen Gott begegnen. Matthias Grünewald Verlag, Mainz.
S. 100: Elsi Schindler, Gebete aus dem Alltag. NZN Buchverlag, Zürich.
S. 102: Heinrich Fries, Von der Leidenschaft des Glaubens. Herder Verlag, Freiburg i. Br.
S. 103: Johannes Bours, Ich werde ihm den Morgenstern geben. Herder Verlag, Freiburg i. Br.

S. 104: Martin Gutl, Loblied vor der Klagemauer. Styria Verlag, Graz/Wien/Köln ^{4}1990.
S. 104/105: Franz Huber, aus: Christ in der Gegenwart. Herder Verlag, Freiburg i. Br.
S. 105: Bruno Stephan Scherer, Nahe bist Du. Gebetsgedichte zum Kirchenjahr C. Cantina Verlag, Goldau 1986.
S. 106: Kurt Koch, Aufstand der Hoffnung. Die befreiende Lebenskraft christlicher Feste. Christophorus Verlag, Freiburg i. Br. 1986.
S. 107: Bruno Stephan Scherer, Du bist nahe. Gebets-Gedichte zum Kirchenjahr C. Kanisius Verlag, Fribourg 1988.
S. 107/108: Romano Guardini, Wille und Wahrheit. Matthias Grünewald Verlag, Mainz.
S. 108: Romano Guardini, Theologische Gebete. Verlag Josef Knecht, Frankfurt/Main 1985.
S. 110/111: Romano Guardini, Vorschule des Betens, Benziger Verlag, Zürich.
S. 112: Eugen Walter, Die zweifache Geburt. Herder Verlag, Freiburg i. Br.
S. 113: Ludwig de Ponte, aus: A. Heilmann, Meditationen großer Gottesfreunde. Herder Verlag, Freiburg i. Br.
S. 115: Romano Guardini, Weisheit der Psalmen. Aus: Der Anfang aller Dinge. Matthias Grünewald Verlag, Mainz, und Verlag Ferdinand Schöningh, Paderborn 1987.
S. 118: Karl Barth, Letzte Zeugnisse. Theologischer Verlag, Zürich ^{2}1970.
S. 119/120: Josef Bommer, Gottes Stimme im Kirchenjahr. Rex Verlag, Luzern/Stuttgart.
S. 121: Kurt Koch, Erfahrungen der Zärtlichkeit Gottes. Benziger Verlag, Zürich 1990.
S. 123/124: Romano Guardini, Der Herr. Verlag Ferdinand Schöningh, Paderborn ^{15}1985.
S. 124/125: Kurt Koch, Streifzüge durch Gottes Gegenwart. Benziger Verlag, Zürich.
S. 126/127: Peter Heimann, Mut zu Gott. Meditationen im Kirchenjahr. Katzmann Verlag, Tübingen.
S. 127/128: Romano Guardini, Der Herr. Verlag Ferdinand Schöningh, Paderborn ^{15}1985.
S. 128/129: Hugo Rahner, Gebete der Einkehr. Otto Müller Verlag, Salzburg ^{3}1966.

S. 129/130: Frère Roger, Warten auf das Ereignis Gottes. Ateliers et Presses de Taizé, Taizé.
S. 131/132: Johannes Bours, Ich werde ihm den Morgenstern geben. Herder Verlag, Freiburg i. Br.
S. 134: Kurt Koch, Aufstand der Hoffnung. Die befreiende Lebenskraft christlicher Feste. Christophorus Verlag, Freiburg i. Br. 1986.
S. 135: Jörg Zink, Wie wir beten können. Kreuz Verlag, Stuttgart 1970.
S. 137: Thomas Merton, Vom Sinn der Kontemplation. Arche Verlag, Zürich 1955.
S. 138: Edith Stein, Am Kreuz vermählt. Benziger Verlag, Zürich ²1987.
S. 140/141: Karl Rahner, Schriften zur Theologie, Bd. 7. Benziger Verlag, Zürich ²1971.
S. 141: Paul Hug, Die Geschichte vom Heiligen Geist. NZN Buchverlag, Zürich.
S. 142: Hans Küng, Christ sein. R. Piper Verlag, München 1974.
S. 143: Karl Rahner, Gebete des Lebens. Herder Verlag, Freiburg i. Br.
S. 144: Anton Rotzetter, Gott der mich atmen läßt. Herder Verlag, Freiburg i. Br.
S. 145: Kurt Koch, Aufstand der Hoffnung. Die Befreiende Lebenskraft christlicher Feste. Christophorus Verlag, Freiburg i. Br. 1986.
S. 147: Anton Rotzetter, Gott, der uns atmen läßt. Herder Verlag, Freiburg i. Br.
S. 148: Karl Rahner, Schriften zur Theologie, Bd. 7. Benziger Verlag, Zürich ²1971.
S. 150: Romano Guardini, Vom Sinn der Kirche/Die Kirche des Herrn. Matthias Grünewald Verlag, Mainz, und Verlag Ferdinand Schöningh, Paderborn 1990.
S. 151: Romano Guardini, Jesus Christus. Matthias Grünewald Verlag, Mainz. Alle Autorenrechte liegen bei der Katholischen Akademie in Bayern.
S. 152/153: Kurt Koch, Streifzüge durch Gottes Gegenwart. Benziger Verlag, Zürich.
S. 154/155: Anton Rotzetter, Leidenschaft für Gottes Welt. Bezinger Verlag, Zürich 1988.

S. 155/156: Edith Stein, Am Kreuz vermählt. Benziger Verlag, Zürich [2]1987.
S. 158/159: Johannes Riede, aus: Christ in der Gegenwart. Herder Verlag, Freiburg i. Br.
S. 160: Kurt Koch, Streifzüge durch Gottes Gegenwart. Benziger Verlag, Zürich.
S. 161/162: Eric Doyle, Von der Brüderlichkeit der Schöpfung. Benziger Verlag, Zürich 1987.
S. 166: Kurt Koch, Streifzüge durch Gottes Gegenwart. Benziger Verlag, Zürich.
S. 166/167: Anton Rotzetter, Gott, der mich atmen läßt. Herder Verlag, Freiburg i. Br.
S. 167/168: Walter Kasper, Mit euch Christ – für euch Bischof. Schwabenverlag, Ostfildern 1989.
S. 168: Sylvia Ross, aus: Hoffnung. Johannes Verlag, Leutesdorf 1989.
S. 169: Helmut Hermann Wittler, aus: Hoffnung. Johannes Verlag, Leutesdorf 1989.
S. 170: Norbert Lohfink, Unsere großen Feste. Herder Verlag, Freiburg i. Br.
S. 170/171: Karl Rahner, Herausforderung des Christen. Herder Verlag, Freiburg i. Br.
S. 173/174: Joseph Ratzinger, aus: H. U. Balthasar/J. Ratzinger, Zwei Plädoyers. Kösel Verlag, München.
S. 174: Joseph Ratzinger, Meditationen zur Karwoche. Kyrios Verlag.
S. 175: Bernhard Priebe, aus: Hoffnung. Johannes Verlag, Leutesdorf 1989.
S. 177/178: Hans Küng, Christ sein. R. Piper Verlag, München 1974.
S. 180: Norbert Lohfink, Unsere großen Feste. Herder Verlag, Freiburg i. Br.
S. 182: Hans Küng, Damit die Welt glaube. J. Pfeiffer Verlag, München.
S. 183: Paul Claudel. Gesammelte Werke, Bd. 6, Religion. Benziger Verlag, Zürich 1962.
S. 184/185/186: Bruno Stephan Scherer, Du bist nahe. Gebets-Gedichte zum Kirchenjahr C. Kanisius Verlag, Fribourg 1988.
S. 187/188: Heinrich Kahlefeld, aus: I. Klimmer, Lectio brevis.

Verlag Josef Knecht, Frankfurt/Main.
S. 189: Christa Meves, aus: Christ in der Gegenwart. Herder Verlag, Freiburg i. Br.
S. 190: Richard Thalmann, Brücke zwischen Himmel und Erde. Rechte bei Richard Thalmann, St. Gallen.
S. 191/192: Kurt Koch, Streifzüge durch Gottes Gegenwart. Benziger Verlag, Zürich.
S. 193/194: Josef Bommer, Gottes Stimme im Kirchenjahr. Rex Verlag, Luzern/Stuttgart.
S. 194: Karl Rahner, Gebete der Einkehr. Otto Müller Verlag, Salzburg [3]1966.

Trotz gründlicher Suche konnten bis zur Drucklegung leider nicht sämtliche Quellen festgestellt und Abdruckgenehmigungen eingeholt werden. Der Verlag ist für Hinweise dankbar.

Weitere Titel aus der Reihe

RICHARZ GESCHENKBIBLIOTHEK

Heitere Romane

Noch'n Gedicht und andere Ungereimtheiten
Heinz Erhardt
130 Seiten ISBN 3-87585-757-7

Noch'n Buch
Heinz Erhardt
110 Seiten ISBN 3-87585-766-6

Die Knilche von der letzten Bank
Jean-Charles
240 Seiten ISBN 3-87585-737-2

Auf einmal sind sie keine Kinder mehr oder Die Zeit am See
Barbara Noack
130 Seiten ISBN 3-87585-760-7

Flöhe hüten ist leichter
Barbara Noack
210 Seiten ISBN 3-87585-752-6

Oh, diese Verwandschaft!
Mary Scott
340 Seiten ISBN 3-87585-749-6

Knuddel-Geschichten
Gisela Zimber
130 Seiten ISBN 3-87585-762-3

Weitere Titel aus der Reihe

RICHARZ GESCHENKBIBLIOTHEK

Erzählungen und Romane

Unsre Oma ist die beste
Inge Dillenburger
190 Seiten ISBN 3-87585-761-5

Die Zwille
Ernst Jünger
410 Seiten ISBN 3-87585-763-1

Bonjour tristesse
Françoise Sagan
170 Seiten ISBN 3-87585-765-8

Nachtflug
Antoine de Saint-Exupéry
140 Seiten ISBN 3-87585-756-9

Herbstmilch
Anna Wimschneider
160 Seiten ISBN 3-87585-754-2

Knuddel-Geschichten
Gisela Zimber
130 Seiten ISBN 3-87585-762-3

Sternstunden der Menschheit
Stefan Zweig
290 Seiten ISBN 3-87585-742-9

Weitere Titel aus der Reihe

Internationale Märchen für Erwachsene

Ich will in die weite Welt gehen
Vom Abenteuer des Lebens
Deutsche Märchen seit Grimm
Ausgewählt von Otto Betz
200 Seiten ISBN 3-87585-223-0

Prinzessin Mäusehaut
Märchen der Brüder Grimm
Ausgewählt von Max Lüthi
160 Seiten ISBN 3-87585-222-2

Die schlafende Stadt . . . und andere Märchen
Von Walter Kahn
260 Seiten ISBN 3-87585-221-4

König Lindwurm
Märchen aus Dänemark,
Schweden und Norwegen
290 Seiten ISBN 3-87585-225-7

Weitere Titel aus der Reihe

RICHARZ GESCHENKBIBLIOTHEK

Kriminalromane

Maigret und der Spion
Georges Simenon
182 Seiten ISBN 3-87585-751-8

Maigret verliert eine Verehrerin
Georges Simenon
210 Seiten ISBN 3-87585-750-X

Die Gräfin von Ascot
Edgar Wallace
256 Seiten ISBN 3-87585-736-4